Les proverbes et les saints en Espagne au Siècle d'Or

Françoise Cazal

Les proverbes et les saints en Espagne au Siècle d'Or

Un aspect méconnu de la figure du saint
dans le « *Vocabulario de refranes y frases proverbiales* »
de Gonzalo Correas (1627)

© 2019 Françoise Cazal
Édition : BoD – Books on Demand
12/14 rond-point des Champs-Élysées, 75008 Paris
Impression : BoD – Books on Demand, Norderstedt, Allemagne
ISBN : 9782322099627 Dépôt légal : juin 2019

La vida eterna no es pervivir sino transmitir dichos sentenciales.

Libro de los doze sabios (XIIIe siècle)

À Robert Jammes pour son aide de toujours

Introduction

Les saints peuplent les proverbes de l'Espagne du Siècle d'Or essentiellement pour marquer les travaux et les jours du calendrier agricole[1], mais pas seulement. C'est parfois la figure familière du saint lui-même ou un aspect de sa légende hagiographique qui s'expriment dans un proverbe. Ainsi, c'est aux saints représentés en personne, dans la vie quotidienne aussi bien urbaine que rurale, que nous allons prêter attention dans ces pages. Ce sont eux qui expriment le mieux leur « personnalité » légendaire dans l'étroit espace énonciatif des dictons et proverbes, eux qui reflètent le plus directement les liens sociaux, eux encore qui laissent le mieux entrevoir les façons d'être et de s'exprimer des hommes et des femmes d'une époque qui fut la plus brillante de l'histoire de la littérature espagnole. Ce sont les saints compagnons de la vie de tous les jours de l'homme du Siècle d'Or.

---

[1] Ils servent même pour mémoriser une date sans aucune précision d'activité, comme *San Andrés, entra mes y sale mes* (S 107 r), « Saint André, un mois commence, l'autre s'en va » (saint André, l'apôtre, est fêté le 30 novembre), ou *San Matía, marzo al quinto día* (S 134 r), ou sa variante *San Matías, marzo a cinco días* (S 137 r) « Saint Mathias, mars cinq jours après. » Saint Mathias est célébré le 24 février, sauf les années bissextiles, où sa fête est décalée au 25 février. De nos jours, c'est le 29 février qui sert de jour supplémentaire aux années bissextiles. Mais l'Église a conservé l'ancien usage qui est de doubler le sixième jour avant mars, d'où le proverbe.

Mais les temps ont changé. Le savoir que l'on pouvait avoir de la légende dorée (ou non) de ces saints, la connaissance de leur histoire hagiographique et de leurs caractéristiques iconographiques étaient bien plus étendus que les nôtres, dans un pays et à une époque aussi étroitement imprégnés de culture religieuse que l'Espagne du XVIe et du XVIIe siècles. D'où l'intérêt de rappeler dans ces pages quelques-uns de ces éléments culturels qui n'étaient un mystère pour personne au Siècle d'Or, mais que le lecteur du XXIe siècle a un peu perdus de vue.

Toujours dans le but de mieux faire connaître ces proverbes, leur traduction permettra, y compris au lecteur non hispaniste, d'apprécier les qualités d'expression qui leur sont propres : concision, pittoresque, humour... Mais comme le charme des proverbes réside surtout dans leur rythme et leurs sonorités, dans leur perfection formelle polie par des années de transmission populaire, il aurait été dommage de se passer de la version originale en espagnol...

On ne parle pas toujours de façon respectueuse des saints dans les proverbes. Quel que soit leur sujet, les proverbes sont souvent, par nature, ironiques, irrespectueux ou malintentionnés. On peut donc s'attendre à ce que les respectables personnages religieux qui y sont cités, et en particulier les saints, fassent eux aussi les frais de cette tradition insolente. C'est ce que suggère l'hispaniste parémiologue Ángel Iglesias Ovejero qui écrit, à propos de l'ensemble des personnages célèbres nommés dans les proverbes espagnols : « Leur figure n'est pas toujours hissée sur le piédestal de l'admiration, au contraire, la mise en proverbe se traduit par une plus grande familiarité avec ces personnages, voire carrément par une inversion d'image »[2].

---

[2] « *[...] no siempre se mantiene la figuración en el pedestal de lo*

Mais les « proverbes de saints » expriment-ils une attitude significative face à la religion ? La source utilisée ici, le *Vocabulario de refranes y frases proverbiales* de Gonzalo Correas (1627)[3], avec ses 25 000 proverbes et expressions proverbiales, offre une telle profusion d'énoncés qu'elle permettra sans doute de se faire une opinion sur la question.

Cette énorme collection, qui réunit non seulement des proverbes, dictons et sentences mais aussi des anecdotes populaires ou des expressions courantes, nous réserve une première surprise : les énoncés portant sur les saints sont moins nombreux qu'on pourrait le croire. Une sélection[4] des proverbes

---

admirable, sino que la proverbialización va acompañada de una familiarización de los sujetos, cuando no de una inversión de la imagen. », Á. Iglesias Ovejero, « Los nombres propios del refranero antiguo », *Criticón,* 28, 1984, p. 11.

[3] Les proverbes sont cités d'après l'édition de Louis Combet, révisée par Robert Jammes et Maïté Mir-Andreu, Madrid, Castalia, 2000. Nous la désignerons dans ces pages par « l'édition Jammes-Mir ». Les références numérotées qui accompagnent les proverbes cités renvoient à cette édition.

[4] Une précision nécessaire : cet ouvrage ne prétend pas s'appuyer sur un corpus exhaustif. Et cela fait d'ailleurs partie de la tradition de la littérature sapientiale de se propager, de recueil en recueil, selon les sélections successives des passionnés de proverbes.

Nous citerons non seulement les proverbes (en italiques), mais aussi les commentaires de Correas (en italiques, entre crochets). En effet, ce ne sont pas seulement les proverbes eux-mêmes, mais aussi les commentaires du compilateur qui reflètent l'image du saint. Il y a même quelques cas où le mot *santo* n'est mentionné que dans le commentaire : ex. *Quien predica en desierto, pierde el sermón; quien lava la cabeza del asno, pierde el jabón. [No perdió su sermón [...] San Francisco de Paula, etc.]* (Q 590 r).

Éliminant du corpus étudié tous les proverbes où le saint n'était mentionné que pour marquer une date, on a retenu, d'une part, les

mentionnant le mot « saint », ou comportant un nom de saint (y compris les dictons du calendrier agricole) ne donne qu'un total d'environ 380 parémies, ce qui est peu par rapport à la somme de proverbes et expressions proverbiales recueillis par Correas.

Sur ce corpus initial de 380 énoncés sélectionnés à partir du mot « saint », on décompte environ 270 proverbes de contenu pratique qui relèvent du domaine agricole ou assimilé et comportent un nom de saint destiné seulement à désigner une date du calendrier. Une quarantaine mentionnent pour lui-même un saint répertorié, une vingtaine portent sur des saints de fantaisie, une trentaine de proverbes concernent la figure du saint de façon générale, sans précision de nom, et une douzaine de proverbes présentent seulement un emploi adjectival du mot « saint », pour désigner, par exemple, un saint homme.

Si les proverbes de saints, dans leur totalité, sont étonnamment peu nombreux par rapport à l'ensemble collecté par Correas, le phénomène est bien plus marqué encore pour le groupe des proverbes consacrés à la figure du saint citée pour elle-même. Ils sont si peu fréquents que l'on peut les qualifier de rares. Force est de constater, avec Julia Sevilla, que Lucifer stimule davantage la verve populaire que ne le font les saints. La faible présence de proverbes nommant un saint pour lui-même explique que cette éminente parémiologue n'ait même pas pris en compte expressément cette catégorie-là dans un

---

proverbes où le mot saint était employé de façon générique, sans référence précise à un saint particulier (ex. : *A chico santo, gran vigilia*) et, d'autre part, les énoncés où apparaît nommément un saint précis (ex. : *Hecho un San Jorge [Muy armado]*). Nous laissons de côté tous les proverbes consacrés à la Vierge, sauf si, dans l'énoncé, elle se trouve en compagnie d'un nom de saint.

article[5] où elle met en parallèle les proverbes mentionnant les saints et ceux évoquant les diables.

Ángel Iglesias Ovejero, de son côté, s'est intéressé plus spécifiquement aux proverbes de saints burlesques, qui sont généralement des saints imaginaires, des saints de fantaisie (mais parfois aussi des saints dûment répertoriés), proverbes qu'il rapproche d'autres parémies irrespectueuses où apparaissent divers personnages mythiques peuplant l'imaginaire du Siècle d'Or. Toutefois, l'assimilation, dans l'approche de ce chercheur, de deux types de figures aussi différentes que les héros divers et les saints, ne permet peut-être pas d'apprécier de façon spécifique l'image de ces derniers. Après tout, les saints auraient pu faire dans la vie quotidienne du Siècle d'Or l'objet d'une dévotion d'un tout autre ordre que les héros historiques ou mythiques[6] et l'on serait en droit de s'attendre légitimement à ce qu'ils reçoivent dans le monde des proverbes un traitement moins irrévérencieux que les héros antiques ou médiévaux.

Mais même si un angle d'approche strictement orienté sur le burlesque, comme celui d'Iglesias Ovejero, ne donne pas une image exacte de la totalité de la palette d'utilisation des dictons au Siècle d'Or, elle conduit cependant à se poser une question fondamentale : la relative rareté des proverbes qui donnent vraiment une place à la figure du saint ne serait-elle

---

[5] Voir Julia Sevilla Muñoz, « Santos y diablos en los refranes », *Pratiques hagiographiques dans l'Espagne du Moyen Âge et du Siècle d'Or, II*, A. Arizaleta, *et al.* (éds.), Toulouse, CNRS-UMR 5136/ Université de Toulouse-Le Mirail, 2007).

[6] Toutefois, un article de Fernando Baños Vallejo incite à penser qu'il y a des similitudes entre les façons de révérer ces deux types de figures populaires : voir « Los héroes sagrados (elementos hagiográficos de la épica castellana) », dans *Literatura Medieval, Actas do IV Congresso da Associação Hispanica de Literatura Medieval*, organisé à Lisbonne du 1 au 5 octobre 1991, Cosmos, Lisbonne, 1993, p. 29-32.

pas due à une réticence à l'exposer aux flèches impitoyables de l'humour populaire ? Cette rareté ne traduit-elle pas, déjà, en elle-même, un désir de sauvegarder l'image du saint ? On pourrait d'ailleurs se demander si le professeur Correas, érudit et homme de religion, n'a pas fait quelques oublis volontaires dans le domaine de la collecte de proverbes de saints dont l'énoncé aurait été trop irrespectueux. L'attitude dont le compilateur fait montre, dans des commentaires où il manifeste une nette réprobation envers certains proverbes burlesques portant sur un saint, pourrait nous encourager dans cette hypothèse. Mais ce serait faire injure à Correas, dont on connaît par ailleurs l'honnêteté scientifique et la passion pour la collecte exhaustive des proverbes, que de soupçonner dans ses travaux une censure consciente. Restent les éventuels oublis involontaires, mais ceux-ci ne pourraient pas être suffisamment nombreux pour modifier significativement le corpus collecté.

Ainsi seul l'examen de la forme et des contenus des énoncés appartenant à la catégorie étroite des proverbes consacrés à la figure propre du saint pourra-t-il permettre de mieux comprendre les raisons du nombre limité d'occurrences de ces proverbes, à première vue surprenant dans une civilisation aussi intensément nourrie de religion.

Un corpus restreint et difficile à cerner

Faire une distinction entre les proverbes où l'on cite un nom de saint comme simple repère sur le calendrier et ceux qui évoquent la figure d'un saint pour elle-même n'est pas toujours facile, ce genre d'énoncés résistant souvent à l'établissement d'une typologie trop simplificatrice, qu'elle soit fondée sur leurs aspects formels ou sur leur contenu.

Au sujet de certains proverbes, il n'y a aucune ambiguïté sur la valeur strictement mnémotechnique et calendaire de la mention du saint. Un exemple parmi bien d'autres : « À la Saint-André, à ton jars donne du blé », *Por San Andrés, a tu ánsar pan des* (P 862 r)[7]. *Pan*, ici a le sens de « blé », comme dans l'expression *tierras de pan llevar* (' terres à blé '). La Saint-André, moment où l'on commence à engraisser les volailles pour Noël, est le 30 novembre. Sous cet énoncé anodin, caractéristique des dictons dédiés aux activités agricoles, on peut cependant voir aussi, si l'on cherche bien, une allusion à la vie de saint André. La légende hagiographique de cet apôtre du Christ n'est pas dépourvue de lien avec le mot *pan* (mais dans le sens de ' pain ') : dans le Nouveau Testament, c'est saint André qui attire l'attention du Christ sur l'insuffisance de nourriture pour sustenter la foule des fidèles et se trouve ainsi l'instigateur du miracle de la multiplication des pains, dont il portera témoignage : sous le calendrier, la Bible...

Précisons que, si la majorité des dictons calendaires de ce type concerne le monde agricole, certains se réfèrent aussi à d'autres domaines, comme celui des artisans. Le proverbe « Saint Barthélémy met des mèches aux quinquets : mauvais pour les ouvriers, pis pour les apprentis », *San Bartolomé amecha candiles: mal para los oficiales, peor para los aprendices* (S 110 r)[8] rappelle qu'à la Saint-Barthélémy

---

[7] « r » : *refrán* (proverbe), et « f » : *frase proverbial* (expression proverbiale) renvoient aux deux parties du *Vocabulario de refranes* de Correas.

[8] Correas cite une variante de ce proverbe : *San Cebrián amecha candiles, mal para los oficiales, peor para los aprendices. [Otros dicen:*

(le 24 août), la lumière du jour a déjà bien baissé (une heure quarante de jour perdue depuis le premier jour de l'été), et que, par conséquent, les artisans doivent allumer les quinquets (*candiles*) pour pouvoir continuer à travailler jusqu'à une heure tardive à la lumière artificielle, ce qui occasionne gêne et frais supplémentaires. Ce second énoncé est cité ici non seulement pour donner un exemple de proverbe de saint lié à des travaux autres qu'agricoles, mais pour montrer les difficultés d'établissement d'un corpus séparant franchement les dictons où le saint n'est qu'une référence à une date ou à une activité, et ceux qui reflètent un élément hagiographique précis. Cependant, à y regarder de plus près, l'énoncé du proverbe ne dit pas « À la Saint-Barthélémy, on met la mèche aux quinquets », mais « Saint Barthélémy met la mèche aux quinquets », et confère ainsi à la figure du saint un rôle actif et concret, lui donnant une présence tangible qui fait de lui un personnage familier.

«San Bartolomé», porque, en tal tiempo comienzan a velar en sus oficios] (S 115 r). La Saint-Cyprien tombe le 16 septembre. *Amechar el candil* signifie garnir le quinquet de sa mèche et de son huile (« *Lychnum myxon instruere, vel mysum producere, oleumque applicare* », Requejo). À la différence de saint Barthélémy, saint Cyprien présente un élément de sa légende qui peut être mis en rapport avec la flamme d'une bougie ou d'un quinquet : immédiatement après son martyre (en 258) à Carthage, dont il était l'Évêque, il fut enseveli par ses fidèles à la lumière des cierges, dans une grande solennité. Cette variante du proverbe reflète peut-être plus directement le récit hagiographique que celle qui porte sur saint Barthélémy. Entre ces deux dates, un autre proverbe, très proche, cite la fête de saint Gilles (1er septembre) : « À la Saint-Gilles, allume ton quinquet », *Por san Gil, enciende tu candil* (P 877 r). Ainsi, trois saints sont utilisés pour renvoyer au même thème, celui de la baisse de la lumière ; malgré l'assonance en i avec *candil*, qui donnait un avantage phonique au nom de saint Gilles, ce saint n'a donc pas été la seule figure retenue par la mémoire populaire pour cette date.

Dans un autre proverbe du *Vocabulario* de Correas, on trouve une allusion à cette baisse de la luminosité, mais le saint (saint Barnabé) sert seulement de repère temporel et n'intervient pas directement : *San Bernabé, dijo el sol: «Aquí estaré, y de aquí no pasaré.»* (S 111 r).

Ce renforcement de la personnification dans *San Bartolomé amecha candiles...* est-il seulement un effet rhétorique destiné à augmenter la théâtralité de l'énoncé, ou bien y a-t-il, dans l'action décrite (la préparation les lampes), quelque chose qui renvoie à la légende de ce saint ou à ses attributs traditionnels ? Il semble qu'il n'y ait, dans ce cas-là, pas de lien avec une légende particulière. Mais, même en l'absence d'une référence à une tradition hagiographique connue, cette façon de redonner présence humaine et agissante au saint dans la formulation du proverbe est bien révélatrice de l'omniprésence de la figure du saint dans l'imaginaire espagnol du Siècle d'Or[9].

Donnons un autre exemple de proverbe de saint qui renvoie, cette fois-ci, au monde universitaire : *A Salamanca, putas, que ha venido San Lucas; o que ya viene San Lucas*

---

[9] Plusieurs proverbes assez proches, que l'on peut presque considérer comme des variantes du même énoncé, figurent dans le *Vocabulario...* : *Quien por San Bartolomé no vela, no echa buena tela* (cité sous cette forme dans la version digitale du *Vocabulario* éditée par l'Université de Navarre, édition qui s'inspire d'un manuscrit de copiste comportant des différences avec l'original), et cité sous la forme *Quien por San Bartolomé no vela, nunca hace buena tela* (Q 588 r), dans l'édition Jammes-Mir, qui elle, est basée sur l'original. Ces énoncés soulignent l'association entre saint Barthélémy et l'activité du tissage (à domicile ou en atelier) et font allusion à la nécessité de travailler après la tombée de la nuit, même si c'est moins confortable.

(A 753 r), « [Allez toutes] À Salamanque, putes, c'est la Saint-Luc ». Une note de l'édition Jammes-Mir précise qu'« à la Saint-Luc (le 18 octobre) commençait l'année universitaire et les étudiants revenaient à Salamanque »[10]. Mais, là encore, la formulation du proverbe offre à la figure du saint un protagonisme supérieur à celui qu'elle aurait comme simple repère sur le calendrier. L'énoncé espagnol joue sur une ambiguïté linguistique, et l'on pourrait traduire « *ha venido San Lucas* » tout aussi bien par « saint Luc est arrivé » que par « c'est la Saint-Luc » (« la Saint-Luc est arrivée »). En effet, en espagnol, la simple mention du nom du saint suffit à évoquer la fête patronale correspondante, à la différence de ce qui se passe en français, où les deux formes « saint Luc » et « la Saint-Luc » ne peuvent être confondues. La personnification crée un effet humoristique, faisant voisiner intimement, dans l'espace restreint du proverbe, un saint respectable avec des prostituées qui le sont moins. La formulation entraînante semble inviter gaiement ces prostituées à venir rejoindre en grand nombre saint Luc à Salamanque, et le dynamisme même de la présentation du saint dans les deux variantes (*Ha venido* ou *Ya viene*) reflète l'empressement joyeux avec lequel le monde de la prostitution se précipite sur la population estudiantine (et réciproquement).

Mais de surcroît, et de façon plus canonique, il est possible de voir un lien thématique entre la légende de saint Luc et la rentrée universitaire : Luc, évangéliste du premier siècle et disciple de Paul, était, contrairement à bien d'autres saints des débuts du christianisme, un véritable « intellectuel de formation » (il était médecin, et Paul l'appelle « ce cher médecin »). Auteur du troisième Évangile, il était, selon la littérature spécialisée, un « excellent écrivain, nourri de lettres

---

[10] Voir *op. cit.*, éd. Jammes-Mir, n. 118, p. 35.

grecques, historien, interrogeant les témoins de Jésus-Christ. Luc Évangéliste précise qu'il tient à établir la vérité et la solidité des enseignements recueillis de vive voix »[11], et ceci peut même le faire considérer par certains comme un précurseur de l'esprit scientifique et un modèle universitaire.

Pour finir, signalons, sous ses deux versions, un autre proverbe qui serait assez mystérieux sans l'aide de Correas, et qui se réfère aussi à la rentrée estudiantine au moment de la Saint-Luc : ¿*San Lucas, por qué no encucas? —Porque no tengo las bragas enjutas. [Quiere decir: «¿Por qué no bebes?»; responde que ha poco que salió de pisar las uvas, y el mosto no está de sazón para beber. «Encucas» es palabra hecha por énfasis, que se acomoda al propósito que se quiere; otros dicen: «San Lucas, ¿por qué no cucas?». Y «cucas» también quiere decir: «¿Por qué no corres?», como si dijesen a los estudiantes: «¿Por qué no te vas al estudio, venido San Lucas?»]* (S 131 r), « Saint-Luc, pourquoi ne bois-tu pas ? — Parce que mes culottes ne sont pas sèches. [Cela veut dire : " Pourquoi ne bois-tu pas ? " ; il répond qu'il n'y a pas longtemps qu'il a cessé de fouler le raisin, et que le moût n'est pas prêt à être bu. " *Encucas* " est un mot fantaisiste, que l'on met à toutes les sauces ; d'autres disent : " *San Lucas, ¿por qué no cucas?* ". Et " *cucas* " veut dire aussi " Pourquoi ne cours-tu pas ? ", comme si l'on disait aux étudiants : " Pourquoi ne vas-tu pas étudier, vu que la saint-Luc est arrivée ? "] ». On peut constater que dans ces deux interprétations, la première apostrophe le saint, et peut donc concerner notre corpus, et la

---

[11] Nous citons ici, comme nous le ferons souvent, l'excellent *Dictionnaire des saints*, Marteau de Langle de Cary et G. Taburet-Missoffe, Paris, Le livre de poche chrétien, 1963, ouvrage qui renvoie lui-même fréquemment à *La vie des saints et des bienheureux* des PP. Bénédictins.

deuxième ne mentionne la Saint-Luc que comme date et, dans ce cas, nous ne retiendrons pas le proverbe dans le cadre de cette analyse, bien que la forme soit ambiguë.

Mais revenons à nos proverbes pour signaler qu'il est également délicat de faire la distinction entre ceux qui font allusion au calendrier des fêtes patronales, ou à la topographie des villages portant le nom d'un saint, et ceux qui renvoient à la figure du saint lui-même, ces divers éléments pouvant parfois même coexister. Quelques exemples vont permettre de montrer ces ambiguïtés.

Dans *Viene San Martín en caballo chiquito: tapa la cava (o cuba) y guarda el mosquito* (V 256 r), « Saint Martin vient chevauchant son petit cheval : couvre tes cuves à vin et prends garde aux moucherons[12] », il s'agit incontestablement d'une référence à la date de la Saint-Martin, le 11 novembre, mais le saint est néanmoins représenté corporellement avec sa silhouette familière, à cheval, tel que la tradition le décrit dans la scène légendaire où il partage son manteau avec le mendiant. Le mouvement dynamique de saint Martin cavalier (le cheval est signe de la noble appartenance sociale de ce personnage, mais aussi image de mouvement) se confond avec l'évocation d'un autre mouvement, celui du passage du temps et, en particulier, de l'approche d'une date. L'image miniaturisée du saint à cheval (*chiquito*, parce que contemplé à l'église sous forme de statues de dimensions réduites) est si fortement ancrée dans la mémoire populaire qu'elle se maintient avec ses caractéristiques iconographiques (*en caballo chiquito*), alors que l'énoncé, pour accomplir sa fonction de repère temporel, aurait pu se limiter à « *Viene san Martín* », ou même à « *Por*

---

[12] À la Saint-Martin, le vin fermente encore et peut attirer les moucherons.

san Martín »[13]. Mais l'emprunt à la légende ne se limite pas à l'image archétypique du saint à cheval, elle reprend aussi le geste par lequel le saint couvre le mendiant de son manteau. Cependant, le geste de couvrir est repris d'une autre manière dans l'énoncé du proverbe, où il est dit qu'à cette date, il faut couvrir soigneusement... les cuves à vin. Ainsi subsiste-t-il indirectement un deuxième élément de l'imagerie traditionnelle et, de façon plus générale, une idée de la fonction protectrice du saint. La miniaturisation de la silhouette de ce saint très populaire est sans doute en effet en partie responsable du processus de familiarisation décrit par Iglesias Ovejero[14], processus qui permet à la verve populaire de s'exercer à propos des figures les plus respectables.

Construit sur le même principe, mais avec un pouvoir imageant plus succinct, est le proverbe « Comme Dieu voudra et quand saint Jean viendra », *Como Dios quisiere y San Juan viniere* (C 702 r), où le mouvement « *viniere* » pourrait s'appliquer tout autant à un déplacement spatial du saint qu'à l'approche d'une date (fête le 27 décembre).

---

[13] Plusieurs proverbes reflétant la même activité et adoptant la forme calendaire traditionnelle sont attestés par Correas : « *Por San Martino, encierra tu vino [...]* » (P 889 r) « À la Saint-Martin, enferme ton vin » ; « *Por San Martino, todo mosto es buen vino* » (P 891 r) « À la Saint-Martin, tout moût devient bon vin ». On remarque, au passage, l'usage flottant : la même activité agricole est associée tantôt à la Saint-Martin, tantôt à la Saint-Luc : *Por San Lucas, mata tres puercos y atapa tus cubas, y para tus yuntas* (P 885 r). Ou encore : *San Simón y Judas, mata los puercos y tapa las cubas* (S 149 r). Simon est fêté le 28 octobre et Jude (ou Thaddée), frère de Siméon et de Jacques le Mineur, également le 28 octobre. Citons, enfin, *Santo Tomé, quien no tuviese puerco, mate la mujer* (S 192 r). Saint Thomas, dont la fête est le 21 décembre, est décrit dans le *Dictionnaire des saints*, comme « ardent et impulsif »...

[14] En France, pas moins de 485 bourgs et 667 paroisses portent son nom, selon le *Larousse des prénoms et des saints*.

Dans un autre exemple encore, « Entre la mère et le fils, saint Thomas-le-Petit », *Entre madre y hijo, Santo Tomé el chiquito. [Es: entre Nuestra Señora de la O y Navidad; y llámanle chiquito por su día ser pequeño como los de entonces]* (E 2068 r)[15], l'évocation métaphorique de la brièveté des jours d'hiver se fait à travers les mots « *el chiquito* » (' le petit '), qui auraient pu être pris pour un trait anthropomorphique ou pour une expression de la différence de hiérarchie entre diverses figures de saints. Là encore, on constate que certains proverbes apparemment strictement calendaires ont quelque chose à dire sur la figure du saint.

La difficulté d'établir des catégories précises augmente encore lorsqu'un proverbe fait allusion à un nom de village comportant lui-même un nom de saint. Ces noms de lieux peuvent être facilement confondus, en raison de l'imprécision de l'énoncé, avec la stricte mention de la fête patronale : dans « Saint Pierre des Arcs, le diable laisse les bœufs et prend les ânes », *San Pedro de los Arcos, deja el diablo los bueyes y toma los asnos* (S 144 r), s'agit-il de « À (au village de) San Pedro de los Arcos »[16] ou « À la (fête de) Saint-Pierre des Arcs » ?

Autre cas : il est difficile de faire la distinction entre ce qui a trait à la légende du saint et à la matérialité de sa représentation cultuelle en un lieu donné, comme dans cette

---

[15] L'édition Jammes-Mir, nous rappelle que *Nuestra Señora de la O*, fête de l'attente de l'accouchement de la Vierge, est célébrée le 18 décembre, peu avant la Saint-Thomas (l'apôtre), *op. cit.*, n. 281, p. 335. Pour cette raison, ce « *chiquito* » semble être une allusion au fait que cette Saint-Thomas, fêtée le 21 décembre, se différencie par la longueur du jour de la Saint-Thomas d'Aquin, qui se situe le 7 mars.

[16] San Pedro de los Arcos est une ville située en Asturies, province d'Oviedo.

référence au célèbre monastère tolédan de San Juan de los Reyes[17], *Hablad con San Juan de los Reyes, que no es de piedra. [Díjose hablando en competencia del de otro lugar, que no era de madera y no tan gentil]*[18] (H 45 r), « Parlez à saint Jean des Rois, qui n'est pas de marbre » (mot-à-mot : qui n'est pas de pierre). Les paroissiens de Tolède se félicitent que « leur » saint Jean, matérialisé sous forme d'une chaleureuse statue de bois (sans doute polychrome), soit plus sensible aux prières que celui d'un village voisin, dont la statue en pierre évoque froideur et indifférence et, par là même, un faible pouvoir d'intercession. Dans ce contexte de rivalités paroissiales, il y a à la fois une référence au nom du saint, à la qualité de la statue qui l'incarne, et au monastère qui abrite cette statue. Mais le commentaire de Correas sur le « *no es de piedra* » permet de voir que, sans référence particulière à l'hagiographie, la matérialité des statues pouvait jouer sur le degré de popularité d'un saint. Pour être totalement compris, ce genre de proverbes exige la connaissance d'un contexte dont, plusieurs siècles après, nous sommes parfois démunis.

Un nouvel exemple nous servira à montrer combien les commentaires de Correas sont une aide précieuse : « Le coq de saint Julien les appelle », *El gallo de San Julián*[19] *los llama. [Dícese esto en Salamanca por los mozos que se van con ánimo de valer fuera, y dentro de poco, vuelven a los toreznos de casa. San Julián es una parroquia cerca de la plaza, que*

---

[17] Édifié à la fin du XVe siècle sous le patronage d'Isabelle de Castille, ce monastère était destiné à être un mausolée royal et commémorait la naissance du prince Jean.

[18] ' [On a dit cela par esprit de rivalité avec le saint d'un autre endroit, qui n'était pas fait de bois ni si beau] '. « *Gentil: galán, airoso, bien dispuesto y proporcionado de miembros y facciones* », *Aut.*

[19] Pas moins de 46 saints et bienheureux portent le nom de Julien...

tiene un gallo sobre la torre por veleta] (E 569 r)[20]. Ici, point d'hagiographie, mais une allusion à la girouette locale, celle qui surplombe le clocher de l'église du quartier de Saint-Julien à Salamanque, girouette qui éveille chez ceux qui ont dû quitter ces lieux de leur enfance une puissante nostalgie. Ce saint Julien-là ne sera donc pas comptabilisé dans notre corpus, pas plus que le saint Étienne de *Santisteban de Gormaz, cedaz, cedaz* (S 190 r) : plus qu'un proverbe, c'est un cri familier de la rue (*pregón*) destiné à vendre aux ménagères des tamis (*cedaz*) en provenance de ce village bien réel de Gormaz, qui s'était fait une spécialité de cette fabrication. Ces expressions, exemples du mélange de productions orales recueillies par Correas, illustrent, ne serait-ce que par la présence du nom des saints dans un toponyme, la popularité du culte de saint Julien et de saint Étienne (fête le 2 septembre) dans la topographie religieuse espagnole.

Qu'en est-il de « Saint Julien de la Valmuza, qui n'a ni cape ni capuche », *San Julián de la Valmuza, que no tiene capa ni caperuza* (S 127 r) ? San Julián de la Valmuza est un nom de village, à quelques kilomètres de Salamanque[21]. Mais pourquoi

---

[20] ' [On dit cela à Salamanque au sujet des jeunes gens qui s'en vont dans l'intention de faire reconnaître ailleurs leur valeur et, peu après, reviennent au foyer natal (vers les fritons de la maison). Saint-Julien est une paroisse proche de la place et qui a sur son clocher une girouette] '.

[21] Au village de San Julián de la Valmuza (62 habitants), se trouve un golf dont on affirme qu'il n'est jamais affecté par la sécheresse. Un miracle du saint local, sans doute. Ce village possède une ancienne villa romaine, avec de belles mosaïques.
C'est le très sérieux site « Refranero toponímico » qui défend l'idée que cette absence de cape et de capuche vise à distinguer ces deux saints Julien.
http://members.fortunecity.com/servavic/refranes/refranerotoponimico.htm?string=San+Juli%E1n+de+la+Valmuza

le proverbe s'attarde-t-il avec autant d'insistance sur la représentation du costume du saint ? Certains disent que c'est pour distinguer ce saint Julien-là d'un homonyme, le saint Julien mitré, évêque de Tolède. Mais Iglesias Ovejero a une interprétation bien différente et quelque peu irrévérencieuse : ce saint dépourvu du costume habituel serait, en fait, le pénis (« sans cape ni capuche ») logé dans une « vallée mousseuse » accueillante (*la Valmuza*). Que l'on adhère ou non à cette façon de voir les choses, voilà un saint suffisamment personnifié pour que nous conservions ce proverbe dans notre sélection, tout comme cet autre, où l'évocation des rivalités de clochers entre deux authentiques bourgades voisines (Cuenca et Güete) est liée, dans un proverbe, à la figure du saint local : « Saint Blaise de Güete, pour en guérir un, en a tué sept », *San Blas de Güete, por sanar uno, mató siete. [Contra los de Güete dicen éste y otros fingimientos por matraca. Es la razón, que la ermita de San Blas está en un sitio tan alto, que se cansan mucho los que allá suben, y suelen resfriarse bebiendo agua fría con el sudor]*[22] (S 114 r). Saint Blaise est connu dans le monde chrétien pour son action thaumaturgique sur les maux de gorge, mais l'ermitage où se trouve la statue du saint, dans le village de Güete, près de Cuenca, est situé si haut, que les fidèles en mal de guérison se fatiguent dans la montée, arrivent en sueur et boivent là-dessus de l'eau glacée pour se désaltérer, ce qui entraîne une hécatombe : pour une guérison, on compte sept décès ! La conjonction de la fréquente animosité existant entre les habitants de deux bourgs voisins et de la légende de saint

---

[22] ' [Ce proverbe contre les gens de Güete raconte ce mensonge, et d'autres encore, par moquerie. La raison en est que l'ermitage de Saint-Blaise est tellement perché que ceux qui y grimpent se fatiguent beaucoup et souvent attrapent un refroidissement en buvant de l'eau froide en sueur.] '

Blaise débouche sur la création d'un proverbe qui reflète certaines pratiques dévotes du Siècle d'Or. Il aurait été fort dommage, seulement parce qu'il s'agissait d'un nom de village, de ne pas conserver dans notre corpus ce saint Blaise paradoxal, qui a tout d'un *serial killer*. On constate que les habitants de Cuenca avaient une mauvaise opinion très tenace du village de Güete, comme le montre la remarquable série d'expressions et proverbes suivants. Citons d'abord un énoncé ironique : « À Güete, pour la bonne éducation », *A Güete por crianza. [Los de Cuenca tienen por groseros y libres a los mozos de Güete; y para decir de uno que es para poco y holgazán, dicen: «Es de tierra de Güete»; y en la plaza de Cuenca, cuando el toro va tras alguno, que todos dicen: «Dios te guarde, hombre», añaden: «Si no eres de Güete».]*²³ (A 247 r)

On peut citer encore d'autres exemples de cette inimitié savoureuse. Commençons par une malédiction : *Dios te dé viña en Cuenca, y mujer fuerte, y pleito en Güete. [«Viña» no es buena en Cuenca, porque no hay buen suelo, y hay muchos que la destruyan y desfruten; pleitos son malos de acabar en Güete, porque todos son compadres y se dificulta la justicia]*²⁴

---

²³ '[Les habitants de Cuenca considèrent comme grossiers et excessivement libres de paroles les garçons de Güete ; et pour dire de quelqu'un qu'il est un bon à rien et un paresseux, ils disent : « Il est bien de Güete », et sur la place de Cuenca, quand un taureau poursuit quelqu'un, et que tous disent : « Dieu te garde, mon brave », ils ajoutent : « sauf si tu es de Güete.] » '

²⁴ ' Que Dieu te donne vigne à Cuenca, et femme acariâtre, et procès à Güete. [Les vignes ne valent rien à Cuenca, parce que la terre n'est pas bonne et que nombreux sont ceux qui la détruisent et en profitent ; les procès n'en finissent jamais à Güete, parce qu'ils sont tous de connivence et rendre la justice est difficile] '. Correas s'abstient pudiquement de

Autres exemples : *Güete, míralo y vete. [Es en la Mancha a la banda de Cuenca]*[25] Ou encore : *Judío de Güete, malo en vida, peor en muerte*[26]. Le spécialiste reconnu des expressions populaires comportant un toponyme, Vincent Garmendia, relève une variante[27] : *Ser como el judío de Huete, malo en vida, peor en la muerte*, « Être comme le juif de Huete, mauvais ici-bas et pire encore dans l'au-delà ».

Il apparaît donc que le proverbe sur l'ermitage de San Blas de Güete n'est qu'un élément parmi d'autres dans la tradition des moqueries féroces à l'encontre de cette bourgade mal aimée. L'abondance exceptionnelle des énoncés concernant Güete permet de reconstruire mieux que de coutume le réseau de ces rivalités chauvines et, en particulier, d'identifier clairement, pour une fois, les deux bourgs antagonistes. Les proverbes où le nom du saint désigne un nom de village restent toutefois fréquemment mystérieux pour le lecteur actuel, car ils reposent sur des légendes locales qui non seulement ont pu se perdre avec le temps, mais n'ont probablement jamais dépassé une aire géographique restreinte.

Nous conserverons aussi, dans le corpus étudié ici, certains proverbes du calendrier des travaux quotidiens, dans la mesure où la figure du saint y a une véritable place. C'est le cas de « Saint Vincent jette de la braise dans la rivière, et si elle est froide, c'est que le charbon n'est pas allumé », *San Vicente echa la brasa en el río, y si está frío, el carbón no está encendido*.

---

commenter « *mujer fuerte* »…
[25] ' Güete, regarde-le et va-t-en. '
[26] ' Juif de Güete, mauvais vivant, pire mort. '
[27] Vincent Garmendia, *De Madrid al cielo. Dictionnaire des expressions espagnoles avec toponyme et leur équivalent français*, Saint-Denis, Connaissances et savoirs, 2016. On remarque que la version citée par Correas a une plus grande régularité prosodique.

[Cae San Vicente a veinte y dos de enero, y comienzan ya los días a ser mayores y a abrir el tiempo, y calentarse o templarse el agua en el río para lavar. Como si San Vicente echara una brasa y le calentara, como dice el siguiente] ; *San Vicente, echa la brasa en el río y hazle caliente* (S 157 r)[28]. Certes, cette référence à la fin de l'hiver et au réchauffement de la température qui permet aux femmes de faire les lessives dans la rivière dans des conditions un peu moins inconfortables semble bien, avant tout, pétrie d'éléments de la vie quotidienne (rurale ou non), mais l'énoncé peut renvoyer néanmoins à un trait de la légende hagiographique (les braises seraient évocatrices du corps brûlé du martyr) : un proverbe qui, en attribuant aux bonnes œuvres du saint le réchauffement de l'eau glacée, tourment des lavandières, manifeste, une fois de plus, le désir de trouver auprès des saints une protection dans la vie quotidienne.

Toujours pour montrer combien il est difficile de cataloguer les proverbes, citons un énoncé où la ruralité se mêle à l'hagiographie sans qu'il s'agisse pour autant du calendrier agricole : « Saint Jacques, sus à l'ennemi ! Et c'était un sac de paille de seigle », *«¡Santiago y a ellos!», y era un costal de paja de centeno* (S 186 r). Dans ce proverbe qui tourne en dérision les fanfarons toujours prêts à se vanter d'exploits ridicules se dessine une atmosphère d'auberge Don Quichottesque.

Les énoncés désignant une date-clé du calendrier agricole, comme la Saint-Martin, prennent avec le temps une

---

[28] '[La Saint-Vincent tombe le 22 janvier, et les journées commencent à s'allonger et l'eau de la rivière, pour la lessive, commence à se réchauffer ou à se tempérer, comme si saint Vincent y jetait des braises et la chauffait.] '

valeur tout autre que mnémotechnique : le célèbre « À chaque porc arrive sa Saint-Martin », *A cada puerco le viene su San Martín* (A 71 r) ne s'emploie pas seulement pour rappeler que c'est à la Saint-Martin qu'on tue le cochon (qui aurait pu l'ignorer au Siècle d'Or ?), mais à dire que les mauvaises actions de nos ennemis reçoivent un jour leur châtiment, pourvu que l'on sache attendre[29]. Ce proverbe, qui a brillamment survécu jusqu'à notre époque, malgré la disparition des coutumes correspondantes du monde rural, avait certes, au Siècle d'Or, un pouvoir évocateur plus immédiat. Mais il a dû survivre surtout par la force de son application métaphorique, formule de malédiction voilée, où l'ennemi, implicitement traité de porc, ce qui est déjà intéressant en soi, semble promis à un fort mauvais sort sans même qu'on ait besoin d'entreprendre une action vengeresse contre lui. Un proverbe puissamment cathartique, donc, que Correas accompagne de ce commentaire : *[Castiga los que piensan que no les ha de venir su día, y llegar al pagadero. Por San Martín se matan los puercos, y desto se toma la semejanza, y conforma con el otro que dice: «No hay plazo que no llegue*[30]*»]*. La date rituelle pour tuer le cochon est la Saint-Martin[31] (le 11 novembre du calendrier grégorien[32]), sans que les faits et gestes du saint y

---

[29] Énoncé qui rappelle le proverbe arabe : *Assieds-toi devant ta porte et tu verras passer le cadavre de ton ennemi.*

[30] ' [Critique de ceux qui pensent que leur heure n'arrivera jamais, pas plus que le moment de payer. À la Saint-Martin, on tue le cochon, et de là vient la similitude, et il est proche du proverbe qui dit : « Il n'y a pas d'échéance qui n'arrive un jour ».] '

[31] Saint Martin de Tours.

[32] Pour passer du calendrier romain (dit « julien ») au calendrier grégorien (changement établi par le pape Grégoire XIII, le 4 octobre 1582) sans risquer de bouleverser les habitudes des paroissiens, l'Église a choisi de continuer à honorer les saints au jour traditionnel (ici le 11 novembre),

soient pour quelque chose, si ce n'est, tout de même, qu'il fut enterré le 11 novembre de l'an 397[33]. L'image de l'abattage du cochon a fini par prendre le dessus sur la commémoration de la sépulture du saint, au point que, grâce au succès de ce proverbe, il devient presque difficile pour les Espagnols, y compris à notre époque, de penser à saint Martin sans que ne viennent à l'esprit des images sanglantes. Et pourtant, paradoxalement, la légende de saint Martin n'a rien de sanglant, puisqu'il fut l'un des premiers saints à ne pas subir le martyre.

Ces quelques exemples ont pu montrer qu'il n'est pas aisé de déterminer des catégories « pures » dans le groupe de proverbes qui fait l'objet de notre attention, et qu'il peut subsister des réminiscences de la figure du saint même dans les cas où la mention de son nom paraît liée principalement à un lieu, à une date ou à une pratique.

Même type de réserves pour les proverbes dans lesquels, au lieu d'un nom déterminé de saint, apparaît le mot

---

en dépit des décalages induits pour le calendrier des activités agricoles (le cochon de 1582 aurait dû être tué le 24 novembre du « nouveau » calendrier grégorien pour vivre aussi longtemps que le même cochon en 1581). Lorsque l'on dispose d'une date donnée en calendrier julien (c'est-à-dire avant 1582), et que l'on veut connaître du point de vue astronomique la date correspondante du calendrier grégorien (par exemple pour respecter l'ensoleillement d'une plantation), le calcul se fait en ajoutant 13 jours au calendrier julien, ce dernier étant donc toujours « en retard » sur le calendrier grégorien. *Cf.* le convertisseur en ligne http://www.patricklecoq.fr/convert/cnv_calendar.html

[33] Cette date se situe à un changement de saison, à la fin d'un cycle liturgique, et surtout à la fin du cycle agraire ; les jours froids arrivent, où le paysan n'aurait pu continuer à bien nourrir le cochon, qui est gras à souhait. La Saint-Martin précède de 40 jours le solstice d'hiver, qui se confond avec la fête de Noël.

« *santo* » seul, et dans lesquels « *santo* » sans précision de nom renvoie soit à l'image du saint en général, soit à ces « saints hommes » ou pseudo-saints hommes qui sont, en réalité, des hypocrites. D'ailleurs, cette distinction, pas plus que les précédentes, n'est totalement nette : en effet, la satire des travers d'un pseudo-saint homme peut fort bien reprendre des griefs formulés à l'encontre de la figure d'un saint particulier, ou des saints dans leur ensemble. On a vu, par exemple, que la traditionnelle représentation iconographique des saints dans les églises, qui en fait matériellement des figures de l'immobilité et de la passivité face à la prière du fidèle, pouvait être assimilée par les désespérés à une sécheresse de cœur, et suscitait parfois plus de rancœur et de moquerie que de gratitude[34].

Commençons par une expression proverbiale qui concerne une sainte très populaire, sainte Catherine d'Alexandrie, expression utilisée au Siècle d'Or pour s'en prendre aux faux dévots[35]. On disait d'une femme : [c'est] « Une sainte Catherine », « On pensait que c'était une sainte Catherine », *Una santa Catalina. [Por: santa y buena; «Es una santa Catalina»; «Parecía una santa Catalina»; «Pensábamos que era una santa Catalina».]* (U 39 f)[36]. L'expression, en

---

[34] *Vid.* Ángel Iglesias Ovejero, « Los santos del panteón burlesco », *Criticón*, 20, 1982 ; « Figuración proverbial e inversión en los nombres propios del refranero antiguo: figurillas populares », *Criticón*, 35, 196, p. 5-98 ; et « Figuración proverbial y nivelación en los nombres propios del refranero antiguo: figuras vulgarizadas del registro culto », *Criticón*, 28, 1984, p. 5-95.

[35] Fête le 25 novembre.

[36] L'édition Jammes-Mir offre dans la section « *frases* » deux entrées de la même expression proverbiale. Voici l'autre, qui est, de surcroît, double et accompagnée d'un commentaire légèrement différent : *Parecía una santa Catalina. No parecía que había más mal en ella que en una santa*

considérant cette sainte très populaire comme un paradigme de l'image du saint[37], ne se montre pas, à proprement parler, reliée à un trait précis de la légende hagiographique, mais dénonce de façon générale la fausseté de ceux qui feignent la sainteté ou toute autre vertu (*por santa y buena*). Utilisée pour stigmatiser radicalement les hypocrites, cette expression proverbiale représente, finalement, un très bel hommage à la vertu de sainte Catherine d'Alexandrie, la sainte par excellence, perçue comme la référence absolue en matière de sainteté.

Ainsi, que le saint soit mentionné de façon purement mnémotechnique (date du calendrier) ou renvoie à un lieu (nom de village ou d'édifice religieux), ou encore évoque la personne du saint lui-même, il témoigne toujours quelque peu des façons d'être et de penser des Espagnols du Siècle d'Or.

Catalina. [La que descubrió ruindades debajo de hipocresía] (P 77 f). La version digitale du *Vocabulario* en propose une troisième, sans doute due aux habituelles approximations du mauvais copiste : *Parecía una Santa Catalina. [Al que o la que encubre mucho mal]*. Ce commentaire, s'il figurait réellement dans le manuscrit initial, aurait l'intérêt de montrer que l'expression s'applique autant aux hommes qu'aux femmes, alors que, dans la deuxième entrée de Correas, elle semble s'appliquer spécifiquement aux femmes.

[37] L'image du saint, ici déclinée au féminin, renvoie à la satire des « *beatas* », les « pieuses femmes » qui feignaient de mener une vie de sainteté. Pour plus de détails sur l'image de ce type de personnages dans la culture populaire, voir Michèle Fournié, « L'entourage d'une fausse sainte au XIIIe siècle », *Pratiques hagiographiques dans l'Espagne du Moyen Âge et du Siècle d'Or*, Françoise Cazal, Claude Chauchadis, Carine Herzig (éds.), CNRS-UMR 5136 / Université de Toulouse-Le Mirail, 2005, p. 167-177, et Annie Canovas, « ¿Combate o patrocinio? el demonio y las ilusas en los procesos inquisitoriales de Toledo, 1600-1650 », *Pratiques hagiographiques dans l'Espagne du Moyen Âge et du Siècle d'Or, II*, Amaia Arizaleta, *et al.* (éds.), Toulouse, CNRS-UMR 5136/ Université de Toulouse-Le Mirail, 2007.

Examinons maintenant les proverbes non purement calendaires où apparaît un nom de saint précis, pour voir s'ils sont vecteurs d'un surcroît d'information hagiographique, et surtout pour savoir quel regard est porté sur la figure du saint.

Proverbes mentionnant un saint précis

Liste présentée par ordre alphabétique
San Alifonso (S 180 r) ;
Santa Ana (O 182 r), (S 255 r) ;
San Antonio   (C 498 r),   (L 129 r),   (L 1311 r),   (P 188 f),
(S 170 r), (S 171 r), (Y 63 r), (S 108 r), (S 109 r), (S 117 f) ;
San Bartolomé (N 196 r), (T 18 r) ;
San Benito (A 1849 r) ;
San Bernabé (S 111 r) ;
San Bernardo (A 1406 r) ;
San Blas (S 113 r), (S 114 r) ;
San Briz (D 212 r) ;
Santa Catalina (P 77 f), (U 39 f) ;
Santa Clara (S 174 r) ;
San Cristóbal (D 698 r), (L 34 f) ;
San Francisco (L 639 r) ;
San Jorge (S 118 r) ;
San Juan (S 124 r) ;
San Julián (L 569 r), (E 978 r), (S 127 r), (S 129 r) ;
San Lázaro (E 640 f) ;
Santa Lucía (L 1375 r), (E 1598 r), (P 270 r) ;
San Miguel (L 1311 r), (S 255 r) ;
San Pedro (A 676 r), (B 438 r), (N 483 r), (L 1179 r), (M 93 r), (M 170 r) ;
San Roque (E 1262 r) ;

Santelmo (A 447 f), (A 2042 r) ;
Santiago (D 145 f), (S 186 r) ;
San Simón (S 150 r) ;
Santo Tomás ou Tomé (E 340 f), (S 192 r), (S 193 r), (V 182 r) ;
[Santo Tomás de Aquino, désigné sans le nommer dans *Muy delgada cortó aquí la pluma el santo dotor.* (M 224 f)] ;
San Vicente (S 157 r), (S 160 r).

Même liste, par ordre de fréquence d'emploi décroissante :

San Antonio (C 498 r), (L 129 r), (L 1311 r), (P 188 f), (S 170 r), (S 171 r), (Y 63 r), (S 108 r), (S 109 r), (S 117 f) ;
San Pedro (A 676 r), (B 438 r), (N 483 r), (L 1179 r), (M 93 r), (M 170 r) ;
San Julián (L 569 r), (E 978 r), (S 127 r), (S 129 r) ;
Santo Tomás ou Tomé (E 340 f), (S 192 r) ; (S 193 r), (V 182 r) ;
Santa Lucía (L 1375 r), (E 1598 r), (P 270 r) ;
Santa Ana (O 182 r), (S 255 r) ;
San Bartolomé (N 196 r), (T 18 r) ;
San Blas (S 113 r), (S 114 r) ;
Santa Catalina (P 77 f), (U 39 f) ;
San Cristóbal (D 698 r), (L 34 f) ;
San Miguel (L 1311 r), (S 255 r) ;
Santelmo (A 447 f), (A 2042 r) ;
Santiago (D 145 f), (S 186 r) ;
San Vicente (S 157 r), (S 160 r) ;
San Alifonso (S 180 r) ;
San Benito (A 1849 r) ;
San Bernabé (S 111 r) ;
San Bernardo (A 1406 r) ;

San Briz (D 212 r) ;
Santa Clara (S 174 r) ;
San Francisco (L 639 r) ;
San Jorge (S 118 r) ;
San Juan (S 124 r) ;
San Lázaro (E 640 f) ;
San Roque (E 1262 r) ;
San Simón (S 150 r) ;
[Santo Tomás de Aquino, désigné sans le nommer dans *Muy delgada cortó aquí la pluma el santo dotor*] (M 224 f).

Occurrences des divers types de proverbes de saints

Dans notre liste de proverbes non calendaires, mais avec nom de saint répertorié, liste déjà bien brève (une cinquantaine d'énoncés seulement), on trouve environ 25 noms différents, ce qui montre que les proverbes ne se concentrent pas sur un petit nombre de saints.

Comme on vient de le voir avec sainte Catherine, même lorsque le saint est doté d'un nom précis, il fonctionne parfois en tant que signe du « saint en général » : il sera d'autant plus intéressant d'examiner les proverbes mentionnant un saint pour lui-même ou pour un élément de sa légende particulière.

Pour être appréciées à leur juste valeur, ces occurrences peuvent être comparées avec celles des principaux noms apparaissant dans les proverbes de saints purement calendaires, où l'on trouve, par exemple, pour ne citer que les huit premiers, que saint Jean est mentionné 31 fois, saint Pierre, 13 fois, saint Vincent, 13 fois, saint Michel, 11, saint Barthélémy, 11, sainte Lucie, 10, saint Martin, 10, saint Matthieu, 9, etc.

À part saint Jean, dont les mentions sont fréquentes dans le monde agricole en raison de l'importance de la date du solstice, on trouve, pour ces proverbes sur les saints principaux du calendrier agricole, une quantité à peu près régulière d'occurrences (une dizaine pour les premiers de la liste). Donc un peloton de tête assez équilibré, alors que les proverbes de saints mentionnés pour eux-mêmes montrent des écarts plus marqués, et révèlent des vedettariats plus prononcés.

Il faut aussi tenir compte du fait que, si la fréquence de la mention d'une figure de saint calendaire peut s'expliquer par la coïncidence de sa fête avec une période esentielle du cycle des cultures ou de la vie à la campagne (la Saint-Martin, la Saint-Jean), dans le bref corpus des proverbes de saints cités pour eux-mêmes, il ne devrait y avoir aucune interférence de ce genre, et le nombre d'occurrences devrait refléter au plus près le réel degré de popularité du saint.

On a ainsi la surprise de constater que les deux listes (saints calendaires et saints personnalisés) ne coïncident pas vraiment, sauf pour saint Pierre qui, dans les deux cas, figure dans le peloton de tête des trois saints les plus cités. Il y a donc un relatif consensus sur saint Pierre qui, néanmoins, n'occupe la première place dans aucune des deux listes. Saint Antoine est le plus cité dans notre corpus de saints spécifiques, contre saint Jean dans le corpus des dictons calendaires. Ceci nous conduit à examiner quels sont les saints cités pour eux-mêmes les plus populaires et les raisons que nous pouvons trouver à cette surreprésentation.

Les deux saints préférés : saint Antoine et saint Pierre

Dans ce groupe de proverbes mentionnant un saint pour lui-même, seuls deux noms se détachent vraiment de l'ensemble : saint Antoine en premier (dix occurrences), suivi, nettement en retrait, de saint Pierre (six proverbes). Saint Thomas (Tomás ou Tomé) est cité quatre fois, ainsi que saint Julien, et sainte Lucie apparaît trois fois. Les autres saints se contentent de deux mentions (saint Jacques, saint Christophe, saint Michel, sainte Catherine, saint Blaise, sainte Anne, saint Barthélémy, saint Vincent), voire d'une seule (saint Alphonse, saint Benoît, saint Barnabé, saint Bernard, saint Brice, saint Elme, saint François, saint Georges, saint Jean, saint Lazare, saint Roch, saint Simon).

Dans le duo de tête, saint Pierre doit évidemment sa notoriété au fait d'avoir été le fondateur de l'Église romaine, mais c'est néanmoins saint Antoine qui emporte la palme de la popularité. Le nombre des proverbes consacrés à ces deux saints dominants est suffisant pour, à travers l'observation du ton employé dans ces énoncés et l'examen de leurs contenus, tenter de voir quel usage on faisait de ces deux grandes figures et comment on les percevait.

Saint Antoine

Pour parler de saint Antoine, il faut d'abord faire la différence entre les deux saints Antoine. Les proverbes mentionnant le nom d'Antoine renvoient tous sauf un à saint Antoine anachorète[38]. La seule exception concerne un proverbe qui se réfère sans erreur possible à saint Antoine de Lisbonne

---

[38] Fête le 17 janvier pour les catholiques et les orthodoxes, ou le 30 janvier pour les orthodoxes vieux calendaristes.

(qui n'est autre que saint Antoine de Padoue, fêté le 13 juin), évoqué sur le ton de la plaisanterie : *¿San Antonio de Lisboa? —No está en casa el santo, que es ido fora*[39] (S 109 r), où l'on suggère ironiquement que le saint n'est jamais là quand on en a besoin. Cet énoncé, partiellement rédigé en portugais, ironise certes sur ce saint, mais s'inscrit visiblement aussi dans la vaste tradition espagnole des moqueries contre les Portugais.

Mais revenons aux proverbes dédiés au grand saint Antoine, ou Antoine ermite, ou Antoine d'Égypte. Excepté dans la très simple et courante exclamation *Sant Antón le guarde* (S 170 r)[40], les proverbes mentionnant saint Antoine anachorète se sont focalisés sur l'élément iconographique le plus connu de la légende de ce saint ermite, appelé encore Antoine du désert, à savoir la présence d'un porc apprivoisé à ses côtés. Beaucoup de dictons s'étant développés en milieu rural, la familiarité quotidienne avec le porc a sans doute favorisé la popularité de saint Antoine et la focalisation sur ce trait de sa légende.

Le premier énoncé que nous citerons fait allusion au porc de saint Antoine de façon indirecte, et est construit sur l'homonymie entre le mot *cochinilla*[41] (*cochina pequeña*, petite truie) et *cochinilla* (la coccinelle). Correas lui-même souligne que l'expression *La cochinilla de San Antón* (L 129 r) fonctionne « par rapprochement » *[Hace refrán por*

---

[39] Allusion à ses innombrables prédications ? Pour les miracles de saint Antoine de Padoue, voir l'article de María J. Lacarra, « Una colección inédita de Milagros de San Antonio de Padua », *Revista de Literatura Medieval*, 2002, p. 9-33.

[40] On la trouve non seulement dans la partie « *refranes* » du *Vocabulario*, mais aussi dans la partie « *frases* » sous la forme *Santantón le guarde* (S 117 f).

[41] « *Cochinilla (cochina pequeña)* », *Aut.*

*acomodación]*⁴². C'est donc par automatisme verbal, quand on voyait une coccinelle, qu'on l'associait à saint Antoine, ce qui montre, au passage, que la « bête à Bon Dieu » jouissait au Siècle d'Or d'une réputation aussi favorable que de nos jours. Comme le terme de *cochinilla* ou *cochinito* s'applique en premier lieu au « petit cochon » avant de désigner le gracieux coléoptère, on n'est pas étonné que la coccinelle ait été mise en rapport avec l'imagerie de saint Antoine[43] anachorète, dont le

---

[42] Rapprochement étymologique ? Cette *acomodación* ou « rapprochement » consiste à établir un lien entre deux mots pour leur forme, ici *cochino* et *cochinilla*, en faisant allusion au cochon qui était censé tenir compagnie à saint Antoine dans le désert. Le mot *cochinilla* ne désignait toutefois pas seulement la bête à Bon Dieu (synonyme *mariquita*). C'est aussi l'insecte d'origine américaine à utilisation tinctoriale (la cochenille) et également le perce-oreille, ou le cafard, si l'on en croit la description donnée par le *Diccionario de Autoridades* : « *Insecto pequeño que se cría de la humedad, ordinariamente debaxo de las tinajas. Es negra y se llama assí porque se semeja al cochino. Lat. Sucula insectum* ». *Autoridades* reprend Covarrubias où l'on trouvait : « *unas sabandijas que se crían en lo húmedo, latine asselli* ».

[43] La vie de saint Antoine (251-356 ?), fondateur du mouvement cénobitique, fut relatée par saint Athanase, Patriarche d'Alexandrie, et par saint Jérôme. Citons le *Dictionnaire des saints, op. cit.* : « Antoine a vingt ans à la mort de ses parents, riches chrétiens de la Haute-Égypte. Un jour, il entend à l'église ces paroles du Christ qui vont décider de sa vie : " Si tu veux être parfait, va, vends tout ce que tu possèdes et donne-le aux pauvres ". Il se défait aussitôt de ses biens et s'enfonce dans le désert, après avoir demandé des conseils de spiritualité à un vieil ermite. Il partage sa vie entre l'oraison, la méditation des livres saints et le travail des mains ; il macère son corps, ne fait qu'un repas, après le coucher du soleil. Dans sa solitude, il subit de terribles assauts du démon, restés légendaires, il triomphe de la frayeur et des tentations par la confiance en Dieu et le signe de la croix. Le renom de sa sainteté lui attire des disciples si nombreux qu'au bout de vingt années, il bâtit pour eux un monastère et devient le fondateur de la vie cénobitique en Orient. Sa soif de solitude le fait se retirer plus loin encore, au mont Golzoum,

célèbre cochon était censé être une version domestiquée du Diable. Le peuple voyait dans cet animal une sorte de sanglier satanique que saint Antoine aurait apprivoisé pour en faire un fidèle compagnon. Une autre légende disait que ce cochon, offert à saint Antoine par l'un de ses compagnons ermites du désert, avait la propriété de grossir beaucoup tout en mangeant frugalement. Le cochon idéal.

Mais depuis Émile Mâle[44], on ne peut plus ignorer que le cochon n'a rien à voir avec la vraie vie de ce saint Antoine que les italiens appelaient pourtant *Antonio del porco*, mais que cette représentation est due au croisement de diverses traditions. La première concerne les représentations iconographiques d'un ordre religieux fondé en Dauphiné à la fin du XIIe siècle, les Antonins, qui jouissaient d'une autorisation spéciale pour continuer à laisser divaguer dans les rues leurs porcs, affublés d'une clochette, alors qu'une loi interdisait désormais cette divagation aux porcs appartenant au commun des mortels[45]. Cette tradition s'est mêlée, dans l'imagination

---

mais, de nouveau rejoint par ses disciples, il élève un autre monastère. Deux fois, il quitta le désert, d'abord sous la persécution de Maximin : " Allons combattre avec nos frères pour la cause de Dieu ! ", dit-il. Il visitait les chrétiens dans les cachots, les accompagnait devant les juges, les exhortait au martyre. Ce fut miracle qu'il gardât la vie sauve. Une seconde fois, son ami saint Athanase, son futur biographe, l'appela pour défendre à Alexandrie la vraie foi contre les hérétiques. Puis, Antoine retrouva sa pauvre cellule ; l'empereur Constantin lui écrivit pour se recommander à ses prières. Jusqu'à sa mort, il fut l'âme du grand mouvement cénobitique ».

[44] Émile Mâle, *L'art religieux du XIIIe siècle en France*, Paris, Ernest Leroux, 1898.
[45] Interdiction datant de 1131, date à laquelle la divagation d'un porc dans les rues avait été à l'origine de la mort de Philippe (fils du roi Louis VI le Gros), dont il avait provoqué la chute. Ces moines (les Hospitaliers de Saint-Antoine ou Antonins) fondèrent quantité d'hôpitaux et eurent à

populaire, avec la représentation des démons assaillant saint Antoine au désert sous la forme d'animaux sauvages (ours, lion, loup, sanglier), le sanglier diabolique se confondant ultérieurement avec le cochon à clochette des Antonins.

Quatre autres proverbes sur saint Antoine font allusion au monde animal. Le premier, toujours sur le cochon, invoque les pouvoirs miraculeux du saint pour favoriser l'engraissement de ces animaux : *Sant Antón, da cueros al lechón, que éstos ya comidos son* (S 10 r), « Saint Antoine, donne de la couenne à mon porcelet, car on a déjà tout mangé », ce qui revient à souhaiter avec humour que saint Antoine soit capable de multiplier la couenne du porc comme le Christ les pains... José María Bergua précise l'emploi que l'on faisait de cet énoncé : « *Se dice cuando se comen los torreznos* »[46] ; c'est une phrase de joyeuse convivialité, à prononcer *in situ*, à table, pour redemander des fritons.

Le deuxième proverbe, ou plutôt expression familière, *¡Ciégale, Santantón! [En burlas maldice y llama bestia]* (C 498 r), « Rends-le aveugle, saint Antoine ! », s'emploie comme moquerie envers un adversaire assimilé aux diables qui assaillaient le saint sous forme animale dans sa solitude érémitique. Le proverbe, parodie d'invocation, demande au saint de bien vouloir aveugler l'adversaire (*ciégale*), façon non seulement de souhaiter la mise hors d'état de nuire de l'ennemi, mais encore de l'animaliser et de le diaboliser magiquement.

---

leur charge de nombreux pauvres. C'est pour les nourrir qu'ils élevaient ces cochons, qui, par ailleurs, avaient une fonction d'hygiène publique, nettoyant les rues de leurs immondices.

[46] « On dit cela quand on mange des fritons ». Voir José María Bergua, *Refranero español*, Madrid, Ediciones Ibéricas, 1945, p. 416.

Les énoncés cités jusque-là sont majoritairement burlesques et montrent très nettement que saint Antoine est évoqué au deuxième degré, et ceci, même dans l'exclamation apparemment sérieuse *Sant Antón le guarde. [Dícese a las cabalgaduras y reses, porque a San Antón tienen por abogado de su salud, y por eso, el día deste santo llevan las bestias a dar nueve vueltas arredor de su iglesia; y diciendo estas palabras, entienden que no las harán mal de ojo. También con ellas se moteja a uno de bestia]*(S 170 r), « Que saint Antoine le protège ». [On le dit aux montures et aux bêtes de somme, parce qu'elles ont saint Antoine pour protecteur, raison pour laquelle, le jour de ce saint, on conduit les bêtes faire neuf fois le tour de l'église ; et en disant ces mots, on entend qu'elles ne souffriront pas du mauvais œil. C'est aussi une façon de traiter quelqu'un d'animal]. »

D'autres dictons sur saint Antoine se prêtent même à une lecture irrespectueuse et grivoise, comme on va le voir dans les deux exemples suivants : *Lo que es eso, San Miguel tiene el peso y San Antón el bordón* (L 1311 r), et *Santantón, tres tengo, que no soy capón* (S 171 r). La trinité désignée dans le second dicton, si l'on suit l'analyse d'Iglesias Ovejero, est censée désigner les attributs masculins, et l'on peut, sur le même principe, considérer que dans le premier dicton, *el bordón* (le bourdon ou bâton de pèlerin) est mentionné pour sa forme phallique, et *el peso* (' la balance ') est évoqué pour ses deux plateaux. Ce type de lecture évoque irrésistiblement un sonnet cité dans la *Floresta de poesías eróticas del siglo de oro*, où un mendiant se propose, quand il sera vieux, de tailler dans son membre de quoi faire « *cuatro o seis bordones* »[47].

---

[47] Voir le sonnet « *Si no hay quien dé limosna de su papo* » : « *Y hubiera ya tratado de cortallo / a no pensar hacer por su grandeza / dél, cuando viejo, cuatro o seis bordones* » (v. 12-14), ' Et j'aurais déjà essayé de le

Toujours selon les interprétations psychanalytiques d'Iglesias Ovejero, le « *gorrino* (' cochon ') *de san Antón* », serait, tout comme le chien de saint Roch et le coq de saint Pierre, marqué de connotations sexuelles et, dans certains énoncés burlesques, représenterait le pénis. Mais nous ne sommes pas obligés de voir des pénis et des phallus partout...
 Quant au saint Antoine de *Pintan Santantones en rincones, y llamas. [Como en la escalera de las Escuelas Mayores de Salamanca, para amenaza al que se atreviere a orinar en tal lugar]*[48] (P 188 f), il témoigne de la familiarité de ce saint avec les forces infernales, dans les représentations iconographiques : les saints Antoine auxquels il est fait allusion ici figurent sur des fresques peintes dans les couloirs et recoins d'escaliers sombres des collèges universitaires. Ces peintures sont destinées à dissuader les étudiants d'uriner partout, en les menaçant des feux de l'enfer et de diverses maladies « cuisantes » auxquelles est associée la figure de saint Antoine thaumaturge[49]. Un saint Antoine qui sert d'épouvantail pour préserver l'hygiène des locaux estudiantins : voilà qui n'est pas de nature à grandir la figure du saint...

---

 couper/ si je n'avais pas pensé en faire, du fait de sa grande taille/ quand je scrai vieux, trois ou quatre bourdons ', *Floresta de poesías eróticas del siglo de oro*, Pierre Alzieu, Yvan Lissorgues, Robert Jammes, Toulouse, France-Ibérie Recherche, 1975.

[48] ' On peint des saints Antoine dans les coins, et des flammes. [Comme dans les escaliers des collèges universitaires, pour menacer qui oserait uriner à un tel endroit] '.

[49] On attribuait à saint Antoine la guérison de plusieurs cas de « mal des ardents », appelé ensuite « feu saint Antoine », ou « peste de feu », ou « feu sacré ». Il s'agissait de l'ergotisme, une maladie contractée par l'ingestion d'un champignon (*Claviceps purpurea*, l'ergot du seigle) parasitant certaines céréales, qui déclenchait une gangrène des extrémités et d'intenses sensations de brûlure. Certains préféraient attribuer ces symptômes à l'effet d'une possession diabolique...

L'association fréquente, dans les peintures et sculptures, de saint Antoine et de son cochon a sans doute favorisé ces insistantes dérives burlesques, mais ce n'est sûrement pas la seule raison. Le nom de ce saint très populaire est l'objet de plaisanteries portant parfois tout bonnement sur sa sonorité, comme on le voit dans : *Ya te entiendo, Santantón*[50]*, que tienes quince y envidas* (Y 63 r), « Je vois clair dans ton jeu, saint Antoine, tu as une quinte et tu en veux encore plus. » (*envidar* ' demander une carte au jeu ')[51]. Cette formule familière servait à dénoncer les joueurs insatiables qui, voyant qu'ils ont entre les mains un bon jeu, ne veulent jamais arrêter la partie, mais elle peut s'appliquer à toute situation où l'on veut montrer à son interlocuteur qu'on ne s'en laisse pas conter.

Saint Pierre

Quant à saint Pierre, second au palmarès parémiologique[52] de notre corpus, constatons d'abord qu'aucun des proverbes le concernant ne s'inspire du contenu des Évangiles canoniques. L'un des énoncés renvoie toutefois à une jolie légende populaire apocryphe selon laquelle saint Pierre aurait créé les abeilles, alors que le Diable, lui, aurait créé les guêpes : *Levantan las viejas que San Pedro hizo abejas, y el*

---

[50] Prononcé avec l'élision, « *yatentiendo, Santantón* », le jeu d'allitération est aisément perceptible.

[51] *Aut.* : « *Quince: Juego de naipes cuyo fin es hacer quince puntos, con las cartas que se reparten una a una, y si no se hacen gana el que tiene más punto, sin passar de los quince* ». « Jeu de hasard analogue au jeu du trente et un », Dictionnaire espagnol-français, Denis, Pompidou et Maraval.
Voir Jean-Pierre Étienvre, *Figures du jeu*, Madrid, Casa de Velázquez, 1987, chap. *envite/envidar* et index (*s. v. quince*).

[52] Fête le 29 juin.

diablo, por contrahacelle, hizo aviespas (L 1179 r), « Les vieilles racontent que saint Pierre créa les abeilles, et le diable, pour le contrefaire, créa les guêpes ». Dans ce dicton où seul le diable est objet d'ironie, Saint Pierre a, malgré tout, la part belle puisqu'il apparaît en paradigme du bien et en figure antinomique du diable.

C'est aussi sa position hiérarchique élevée dans le panthéon des saints qui est reflétée indirectement dans *Mal haya yo como San Pedro* (M 93 r) et *Maldito seas como San Pedro* (M 170 r). Ces deux exclamations humoristiques, tout en commençant par une formule de malédiction, reviennent à se souhaiter narcissiquement à soi-même le plus grand bien, ou à le souhaiter généreusement à autrui, puisque saint Pierre était considéré comme « béni entre tous les hommes ». Correas souligne ici l'emploi de la figure rhétorique de « correction », où l'on commence par un « Maudit soit… » suivi de façon inattendue par un « comme saint Pierre ».

Tout aussi motivé par la position hiérarchique céleste de saint Pierre, fréquemment placé juste au-dessous de Dieu dans l'iconographie populaire, est le dicton où l'on conseille de ne pas aller contre la volonté des puissants, ou contre la chance qu'offre le destin : *A quien Dios se la diere, San Pedro se la bendiga* (A 676 r). *[Varíase: «A quien Dios se la dio...»]*, « Celui que Dieu a comblé, que saint Pierre le bénisse. » Ce proverbe souligne que saint Pierre ne peut qu'acquiescer à la volonté de son « supérieur » divin, ce qui, au premier abord, semble ravaler le saint à un rôle subalterne ; mais comme seule l'autorité de Dieu le dépasse, cela revient tout de même à rendre notablement hommage à la puissance de saint Pierre.

Un proverbe, sous sa double version castillane et catalane, s'appuie sur l'expression « le denier de saint Pierre », à savoir le denier du culte, et suggère de façon pragmatique aux fidèles de ne pas faire un don généreux au point de mettre en danger leur patrimoine familial : *Bueno es dar a San Pedro, mas no tanto que se vaya el hombre tras ello* (B 438 r), « Il est bien de donner à saint Pierre, mais pas au point de tout y perdre. ». Ou encore : *No des tanto a San Pere, que le vayas derrere* (N 483 r). *[Catalán. Que te empobrezcas]*, « Ne donne pas tant à saint Pierre qu'il te faille marcher derrière. [Catalan. Que tu tombes dans la pauvreté]. » Cet amusant appel à ne pas aller trop loin dans la générosité envers l'Église est souligné, dans la version catalane, par la sonorité burlesque de *derrere*. Ici, la figure du saint prend quasiment un profil de meneur d'hommes suivi par ses affidés, ou encore de seigneur suivi de son valet : suivre le saint, c'est courir derrière lui de façon un peu ridicule (*no le vayas derrere*), l'art du proverbe consistant à esquisser en très peu de mots toute une scène à la fois visuelle et chargée de connotations sociales. Saint Pierre représente de façon très orthodoxe l'appareil de l'Église. Mais se référer à saint Pierre pour détourner les fidèles du denier du culte, voilà qui est subversif... La grande popularité et ancienneté de ce proverbe sont attestées par l'existence de plusieurs variantes, dont l'une appartient à une collection de 1560, les *Adagiorum Centuriae Quinque* ('*Cinq cent proverbes*') réunis par l'humaniste levantin Lorenzo Palmireno, collection éditée par André Gallego[53] : *Bueno es dar a sant Pedro y no tanto que hombre se haya de ir tras él*.

On a déjà commenté le registre érotique qui pouvait être celui du proverbe sur San Julián de la Valmuza. Deux autres énoncés, sous couvert d'une apparence de dictons rustiques,

---

[53] Andrés Gallego Barnés, *Los «refraneros» de Juan Lorenzo Palmireno. Estudio de sus fuentes paremiológicas*, Alcañiz-Madrid, Instituto de estudios humanísticos, 2004, p. 86.

semblent appartenir au même registre : *San Pedro de Catreda (sic)*[54]*, toda res mala cabeza alza, y más lo de la braga* (S 142 r)[55], cité par Correas dans son commentaire de *Cuando la higuera hace pie de gallina, pídelo a tu vecina; y cuando hiciere pie de pata, pídelo en cada casa* (C 1358 r). Correas lui-même précise que cette demande adressée à la voisine peut se lire tout aussi bien sur le plan littéral de l'emprunt alimentaire que sur le plan figuré de la requête amoureuse[56]. Si l'on rapproche ce proverbe d'un autre, consacré au même saint, mais à visée météorologique, *Por san Pedro de Cátedra, sale la culebra debajo de la piedra, porque comienza el calor*, on constate toutefois que cette « *cosa mala* » peut désigner tout simplement des nuisibles, comme les serpents. Mais connaissant la connotation freudienne habituelle de ces derniers, on comprend la dérive vers un énoncé où l'allusion devient explicite (*lo de la braga*).

Finalement, aucun des proverbes sur San Pedro ne donne de lui une image très digne, soit qu'ils prônent l'avarice et déconseillent vivement l'engagement religieux (que le fidèle n'aille pas trop se soumettre à l'Église !), soit qu'ils racontent des sornettes de vieilles femmes (*levantan*[57] *las viejas*, ' les vieilles femmes racontent '), soit que l'on plaisante sur la sainteté de Pierre en faisant semblant de la considérer comme la pire des malédictions. Saint Pierre, plus encore que

---

[54] « *Catreda* » déformation populaire de « *Cátedra* ».
[55] Correas donne ce proverbe comme variante de *San Pedro de Catreda, toda cosa mala alza cabeza* (S 142 r) et nous avons privilégié la version la plus pittoresque. La fête de ce saint tombe le 22 février.
[56] « *Pídelo* » : ce *lo* indéterminé peut désigner bien des choses, dans une culture où le geste de « faire la figue » (c'est-à-dire faire dépasser la première phalange du pouce entre l'index et l'annulaire, poing fermé) est une provocation sexuelle bien connue.
[57] *Levantar testimonio :* ' témoigner ', ' assurer '.

saint Antoine, est donc traité avec un ton résolument peu sérieux dans ces six proverbes, mais c'est seulement une fois finie l'analyse de l'ensemble de ce groupe de saints que nous pourrons déterminer si ce ton badin est propre aux deux saints têtes de liste, ou si c'est le sort réservé à l'ensemble des figures de saints cités pour eux-mêmes.

Les autres saints

Pour juger du ton respectueux d'un proverbe, il ne faut pas s'interroger seulement sur son libellé, mais aussi sur ses contextes d'emplois possibles, dont les commentaires de Correas nous aident à nous faire une idée. Une formulation ouvertement satirique, burlesque ou offensante ne laissera aucun doute au lecteur, mais un emploi décalé peut cacher un sens burlesque sous des apparences anodines et respectables. Quels proverbes peut-on prendre au deuxième degré ?

Saint Bernard

Le proverbe *Al que no tiene apetito, denle por caldo la salsa de San Bernardo* (A 1406 r)[58] propose de soigner le manque d'appétit par « la sauce de saint Bernard », c'est-à-dire par la faim ou le jeûne. Il s'agit, certes, d'une « recette » imparable. Le proverbe peut servir à commenter le spectacle

---

[58] Ángel Iglesias Ovejero cite deux saints de fantaisie, *San Cenón* et *San Nicomedes*, qui personnifient la nourriture et le jeûne, en compagnie de la *Santa Cuaresma* de l'Arcipreste de Hita. À propos de l'expression *la salsa de San Bernardo*, il signale qu'on la trouve déjà dans le théâtre de Juan del Encina (Juan del Encina, *Obras completas*, éd. d'A. M. Rambaldo, Madrid, Espasa-Calpe, 1978, vol. 2, p. 34).

d'un affamé qui engloutit un morceau de pain reçu en aumône, mais on pouvait aussi faire ce commentaire pour se moquer de quelqu'un qui dévorait de façon inconsidérée. Quoi qu'il en soit, ce proverbe fait, finalement, écho plus que d'autres au contenu de la légende hagiographique, vu qu'on peut y voir une allusion, certes distanciée et ironique, à une vertu bien connue de saint Bernard[59], la frugalité.

Saint Benoît

Monté comme une petite saynète et glosé par Correas, un long proverbe dialogué sur saint Benoît[60] (Benoît le More)

---

[59] Fête de saint Bernard, le 20 août.

[60] Il ne s'agit pas du saint Benoît fondateur de règle monastique et abbé du Mont Cassin (fête le 21 mars), mais d'un saint bien plus récent, Benoît le More, mort en 1589, et fêté le 4 avril. Citons le *Dictionnaire des saints*, dont le style a un charme désuet à nul autre pareil : « Fils d'esclaves chrétiens de Sicile, Benoît [le More] menait la dure vie des champs : et il avait réussi, à dix-huit ans, à acheter une paire de bœufs. Merveilleuse acquisition. Or, comme il labourait en rendant grâces, il s'entendit appeler : " Benoît, vendez vos bœufs et suivez-moi ! ". C'était l'ermite Lanza, homme de Dieu. Aussitôt, Benoît vend ses bœufs, donne l'argent aux pauvres et se fait disciple du solitaire, en attendant d'entrer chez les franciscains réformés de Palerme. Pendant 27 ans, il sera cuisinier, manifestant dans son modeste état une si haute sainteté, que les religieux le choisissent comme gardien du couvent ; il va y faire régner la ferveur, mais aspirera à reprendre son humble emploi. Il n'y trouvera pas, pour autant, l'oubli, car les visiteurs affluent à la cuisine, réclament ses prières, les malades implorent pour obtenir leur guérison, et sont souvent exaucés. Benoît annonça l'heure de sa bienheureuse mort. », *op. cit.*, p. 50. Lope de Vega a écrit une *comedia de santos* sur ce personnage, sous le titre de *El santo negro Rosambuco de la ciudad de Palermo*, sur un argument assez différent de la biographie proposée par le *Dictionnaire des saints* : au lieu d'un début de vie consacré à des activités agricoles, on en fait, dans la pièce, un esclave (de haute

met en scène un mauvais tour joué au Diable, personnage ridiculisé car présenté dans ce proverbe dialogué comme assez crédule pour attendre éternellement le retour improbable du saint qui l'a attaché pieds et poings liés en plein milieu de la mer de Sicile, avec la promesse de venir le délivrer plus tard : *¿Andas ahí, Benito? —No, maldito. —Fiaos de monjes de hábitos prietos. [Dicen que San Benito ató el diablo en la mar de Sicilia, y le dijo que se estuviese allí hasta que él volviese; y como tarda, cuando pasa por ahí algún navío, pregunta el diablo si viene allí san Benito; respóndenle: «No, maldito»; y él añade: «Fiaos de monjes prietos». Tocaráse en «El [gran] diablo de Palermo»*[61]]. Cette légende repose sur l'existence

---

naissance) capturé sur les mers. On remarque la rapidité avec laquelle certaines vies de saint accédaient à la littérature, aussi bien sous la forme de petites anecdotes divertissantes, comme celle que cite Correas, que sous la forme de pièces de théâtre. Dans les deux cas, la figure du saint était compatible avec certains éléments de comique.
Le premier saint Benoît, le fondateur de l'ordre des Bénédictins, eut lui aussi de nombreux affrontements avec le Diable. On trouve, dans le chapitre de la *Légende dorée* qui lui est consacré, de fréquentes allusions au Diable présenté comme un « enfant noir » (*La leyenda dorada*, chap. sur San Benito, p. 202, col. de gauche). Par ailleurs, dans le *Tesoro de la lengua castellana*, Covarrubias précise : « *Para dezir que uno se nos ha puesto delante desnudo y despojado, dezimos que estava como el diablo le apareció a San Benito. En la vida deste santo, la qual escrivieron muchos, como el demonio procurasse inquietarle con ilusiones, pudo ser que alguna vez se le mostrasse en figura de hombre desnudo; no ay que hazer mucha fuerça en esto* ». Il se peut qu'il y ait eu contamination entre les légendes de ces deux figures de saint.

[61] ' [On dit que saint Benoît attacha le diable en mer de Sicile et lui dit qu'il reste là jusqu'à son retour ; et comme il tarde à revenir, quand un navire passe par là, le diable demande si saint Benoît vient ; on lui répond : « Non, maudit » ; et il commente : « [Après ça], faites donc confiance aux moines en habit noir ! ». Ce sujet est traité dans *Le (grand) diable de Palerme*]. '

effective d'écueils de roche noire au milieu des flots. Le comique ne réside pas seulement dans le ton dépité de Lucifer (« *Fiaos de monjes de hábitos prietos* », ' Allez donc vous fier à des moines aux habits sombres '), mais dans l'effet de miroir entre ces deux personnages « noirs » que sont le diable et le bénédictin vêtu de sa robe de bure. C'est un comble que, pour le diable, ce soit le bénédictin qui apparaisse comme une « figure noire ». Le diable a trouvé plus diable que lui... Même si le beau rôle est donné au saint et met les rieurs de son côté, saint Benoît est tout de même réduit là à un personnage d'« histoire drôle ». L'écho entre Benito, *Bendito* (' béni ') et *maldito* (' le Maudit ') établit de surcroît un parallélisme un peu rabaissant entre le saint et le diable. La figure du saint, même si elle domine celle du diable, ne sort donc pas particulièrement grandie de cette petite scène.

Saint Elme

Au Siècle d'Or, lorsqu'on disait, à propos de quelqu'un, qu'il était « apparu comme saint Elme en haut du mât » : *Aparecióse como Santelmo*[62] *en la gavia. [Cuando uno aparece*

---

[62] Le nom de « Santelmo » était considéré comme une altération populaire de « San Erasmo » (Covarrubias). Voici le paragraphe consacré à saint Elme dans le *Dictionnaire des saints, op. cit.* : « Pierre Gonzalès ou saint Elme, fils d'une noble famille d'Astorga, ayant reçu le sacerdoce, prisait encore les grandeurs de ce monde, jusqu'au jour où, nommé doyen du chapitre, il voulut en prendre possession sur son cheval somptueusement paré. Un écart de la bête le fit rouler dans la boue au milieu des moqueries. L'humiliation engendra chez le prêtre une conversion complète. Entré chez les dominicains, il ne songe plus qu'au salut des âmes. Chargé de la prédication, il parcourt la Castille et le Léon. Ferdinand III de Castille le fait venir à sa cour. Pour Pierre Gonzalès, la cour n'est rien moins qu'un cloître et les courtisans, des âmes à convertir.

*de repente, o pasado el peligro*⁶³*]* (A 2042 r), c'était pour se moquer d'une personne qui arrive soudain, sans qu'on l'attende, provoquant un effet de surprise comparable à celui de ces phénomènes électriques de luminescence qui se produisent en haut des mâts des navires, une fois passé le plus dur d'un orage, et que l'on considérait comme un signe rassurant de protection de la part de saint Elme, patron des marins.

Saint Jacques

Carrément grandguignolesque est la scène évoquée dans «¡*Santiago y a ellos!*» *y era un costal de paja de centeno* (S 186 r), parfait exemple de cette catégorie relativement rare de proverbes qu'on appelle les « wellérismes », où une voix ironique, intervenant à propos de la première partie du proverbe, en dénonce le côté absurde. Ce proverbe concerne le principal « saint national » espagnol, saint Jacques⁶⁴, et

---

À la guerre contre les Maures où il suit le roi, il va trouver de nouveaux champs d'apostolat. Mais en Galice, il y a des pauvres à évangéliser aussi, et tant de paysans. C'est à eux que Pierre Gonzalès consacrera les dernières années de sa vie. Il a été nommé « le nouvel apôtre de l'Espagne ». Il venait de prêcher une mission aux populations côtières lorsque la mort vint le prendre à Tuy. L'évêque Luc l'assista. Les marins qui l'ont pris pour patron disent l'avoir vu parfois apparaître au haut du mât d'un bateau en danger, tenant une torche allumée – interprétation du phénomène connu sous le nom de « feu de Saint-Elme ».

[63] Ce «*pasado el peligro* » fait non seulement allusion à l'idée que le feu de Saint-Elme se produisait une fois le plus gros du danger passé, mais peut suggérer qu'on se moque de ceux qui réapparaissent soudain, une fois le danger passé.

[64] Fête le 25 juillet. Le *Dictionnaire des saints*, *op. cit.*, p. 192, nous dit ceci : « Fils de Salomé, et frère de Jean, Jacques dit " le Majeur " (parce qu'il était plus âgé que l'autre apôtre Jacques dit " le Mineur ", cousin du Christ), était sans doute un ambitieux : d'où la demande qu'il fit faire par

tourne quelque peu en dérision le sauvage cri de guerre proféré par les chevaliers chrétiens lors de la Reconquête, en le mettant dans la bouche d'un fanfaron ridicule. L'ennemi maure héréditaire est remplacé ici par une baudruche, un modeste sac gonflé de paille de seigle, ce qui montre une certaine distanciation, dans ce proverbe, face aux valeurs traditionnelles chevaleresques castillanes de courage et de ferveur religieuse. La forme adoptée (le wellérisme) contribue à mettre clairement en relief l'ironie réflexive de cet énoncé.

Mais, dans le recueil de Correas, on trouve une autre expression proverbiale consacrée à saint Jacques, tout de même moins rabaissante, quoique bien familière : *Dar un Santiago. [Es: hacer acometida y daño a los enemigos; por metonumia, porque los españoles apellidan a Santiago en las batallas; de aquí dicen: «darle una santiagada» a uno; lo que: «comerle medio lado»*[65]*]* (D 145 f). Correas pointe le registre burlesque auquel appartient cette rodomontade. Dans ce commentaire, le nom du saint se trouve substantivé sous la forme de « *una santiagada* » (mot-à-mot, un « coup de Santiago »). Ainsi, tout

---

sa mère à Jésus-Christ de " deux bonnes places dans le royaume ", une pour son frère, une pour lui. Et Jésus répondit : " Pouvez vous boire le calice que je dois boire ? " La réponse jaillit, affirmative : " Nous le pouvons ! ". " Mon calice, vous le boirez, répliqua le Christ, mais le choix des places d'honneur appartient à mon Père ". La " place d'honneur ", Jacques allait l'obtenir par le martyre. Il fut le premier apôtre à verser son sang, et mourut, la tête tranchée, à Jérusalem ». Peut-être cet esprit combatif allié à la présence de ses reliques en Espagne concoururent-ils à donner également à ce saint la place d'honneur en Espagne sous la forme d'un saint matamore.

[65] ' [C'est attaquer et faire du mal à l'ennemi ; par métonymie, car les Espagnols invoquent la faveur de saint Jacques dans les batailles. De là le fait qu'on dise : « donner une volée de Santiago à quelqu'un », ce qui veut dire « lui donner une belle raclée »] '.

comme dans « *dar un Santiago* », le saint se trouve chosifié, son nom venant à signifier un coup violent, en souvenir du cri de guerre des chevaliers. Cette familiarité langagière ne va guère dans le sens d'une glorification de la figure du saint, mais au moins rend-elle hommage à l'efficacité du saint *Matamoros* sur le champ de bataille[66].

Sainte Lucie

Un proverbe consacré à sainte Lucie affiche une indéniable désinvolture : *Lo que no se hace en día de Santa Lucía, hácese en otro día* (L 1375 r), « Ce que le jour de la sainte Lucie on ne fait pas, un autre jour se fera ». Mais ce qui semble avoir prévalu ici, c'est le choix d'une rime facile avec « día »... Il n'empêche que c'est faire fi de l'aide que sont censés apporter les saints.

Les deux autres proverbes consacrés à Lucie, *En el espino de Santa Lucía; o En las espinas de santa Lucía. [Por: estar en aflición*[67]*]* (E 1598 r), et *Pasar por los espinos de Santa Lucía. [Por: mucho trabajo y afán*[68]*]* (P 270 r)[69], sont formulés, eux, d'une manière sérieuse qui ne met pas en danger

---

[66] On trouve une allusion plus familière encore à « *un Santiago de azabache* » (' un Santiago noir de jai '), dans le sonnet burlesque de Góngora « *¿De dónde bueno, Juan, con pedorreras?* », Luis de Góngora y Argote, *Obras completas*, J. Millé y Giménez, I. Millé y Giménez (éds.), Aguilar, 1943, p. 413 [1608].
[67] ' [Pour : « être plongé dans l'affliction »] '
[68] ' [Pour : « beaucoup de peine et d'effort »] '
[69] Lorenzo Palmireno, dans son répertoire *Adagiorum centuriae quinque*, donne un proverbe qui était considéré de sens équivalent, pour dire qu'on est en mauvaise posture : *Estoy en los cuernos del toro*. (' Je suis sur les cornes du taureau ').

l'image de la sainte. À propos de ces mystérieuses épines, on n'en trouve aucune trace concrète dans la *Légende dorée*[70]. Lucie, certes, subit le martyre à Syracuse au IVe siècle, mais fut brûlée vive et eut la gorge tranchée au fil de l'épée. Le proverbe serait donc très approximatif et évoquerait Lucie comme martyre, sans plus de précision : nécessaire simplification du monde décanté des proverbes. Les « épines de sainte Lucie » pourraient être un symbole du martyre en général, sur le modèle de la couronne d'épines du Christ. Cette approximation de la formule par rapport à la légende serait alors due aux contaminations entre la légende de Lucie, dont on sait si peu, et celles d'autres saintes comme Agathe, Cécile, ou Agnès.

Le culte de sainte Lucie était déjà très répandu en Sicile au Ve siècle (Saint Thomas d'Aquin s'y réfère deux fois dans sa *Somme*, mais au sujet de la virginité). Le nom de Lucie, dérivé de *lux*, a plutôt valu à cette sainte d'être invoquée pour les maux d'yeux. D'ailleurs des images représentant la sainte tenant ses deux yeux enfilés sur une brochette (irons-nous jusqu'à voir un lien entre les brochettes et les *espinos* ?), illustrent une légende selon laquelle elle aurait eu les yeux arrachés (une église de Naples prétend même posséder ses yeux). Mais l'explication du proverbe appartient peut-être, plus qu'à la légende de la sainte, à la spécialisation qui est devenue la sienne dans les pratiques dévotes : elle apparaît dans les litanies récitées aux mourants. On trouve dans le *Diccionario de Autoridades* un commentaire sur ce proverbe qui va dans ce sens, ainsi que la citation d'une autre expression voisine signifiant « être au dernier degré de l'affaiblissement » : « *Estar en espinas, o tener en espinas a uno. Vale estar en*

---

[70] Fête le 13 décembre.

trabajos, y hallarse atribulado y lastimado »[71] ; « *Estar en las espinas de Santa Lucía. Phrase con que se da a entender que uno está muy flaco y atenuado de fuerzas: Cervantes, Quixote, tom. 2, cap. 3, "Que me ha tomado un desmayo de estómago, que si no le reparo con dos tragos de lo añejo, me pondrá en la espina de Santa Lucía"* »[72].

On remarque que la version proposée par *Autoridades* met le mot au féminin (*espina*). Par ailleurs, l'association entre sainte Lucie et le motif des épines existait bien dans la culture populaire de façon concrète, si l'on en croit le nom familier donné à une espèce d'aubépine (*Agrimonia eupatoria*), appelée « bois de sainte Lucie » ou « cerisier de sainte Lucie », et dont le tronc est couvert d'épines redoutables. Il existe, enfin, une prière à sainte Lucie conservée encore à l'époque contemporaine et recueillie par Isabel Botas San Martín, où l'on peut voir aussi un lien entre sainte Lucie et les objets pointus : « *Gloriosa Santa Lucía / tres agujas de plata tenía; / con una bordaba / con otra cosía / y con la otra tiraba / el mal de decipela [erisipela] / a quien lo tenía* »[73].

---

[71] « Signifie être dans de grandes difficultés et de grandes tribulations, être profondément affecté. »

[72] ' Une grande faiblesse d'estomac m'a pris, et si je n'y remédie pas avec deux gorgées de bon vin vieux, elle va me mettre sur les charbons ardents (sur les épines de sainte Lucie). '

[73] Voir Isabel Botas San Martín, « Oraciones, ensalmos y conjuros », *Revista de Folklore*, 1992, n° 141, p. 90-99. Traduction : ' Glorieuse sainte Lucie / j'avais trois aiguilles d'argent ; / avec l'une, je brodais, / avec l'autre, je cousais, / avec la troisième le mal d'érysipèle j'ôtais / à qui l'avait. '

Saint Christophe

La représentation iconographique de saint Christophe[74] dans les maisons devait être très courante, car ce saint avait la réputation de « délivrer des maladies et de protéger des épidémies tous ceux qui se recommandaient à lui »[75]. L'un des proverbes le concernant renvoie à des pratiques religieuses quotidiennes, tenues pour de stupides superstitions par les intellectuels comme Correas (*[Dicen esto las mujeres, por burlar de otras que todo lo creen]*[76]), comme celle de baiser dévotement le pied de la statue de saint Christophe pour obtenir un bon mariage : *La que besare el pie a San Cristóbal será bien casada* (L 34 f), « Celle qui baisera le pied de saint Christophe fera un heureux mariage ». On peut se demander pourquoi c'est précisément à saint Christophe qu'était attribuée par ces « femmes crédules » cette faculté de favoriser le mariage. Sans doute ce pied de saint Christophe a-t-il encore à voir avec l'image du phallus.

Plus distancié et plus ironique est l'autre proverbe sur le même saint : *Dos San Cristóbales en una pared, no parecen bien* (D 698 r), « Deux saints Christophe sur le même mur, cela ne fait pas bon effet ». Le saint y est traité avec une certaine désinvolture et un esprit plutôt matérialiste, puisqu'on envisage la multiplication de ses icônes qui rivaliseraient entre elles, le

---

[74] Le nom de ce saint entièrement légendaire (« Christophe » signifie « qui porte le Christ ») a donné lieu à de nombreux récits et a fait de lui le saint Patron des voyageurs. Sa fête est le 25 juillet.

[75] *Leyenda dorada, op. cit.*, chap. sur saint Christophe, citation de saint Ambroise, p. 409.

[76] ' Les femmes disent ceci pour se moquer d'autres femmes qui croient tout ce qu'on leur dit. '

proverbe servant à exprimer l'idée que deux personnalités importantes dans un même lieu peuvent se porter ombrage. Ce qui semblait une allusion matérielle à la haute taille de saint Christophe dans les représentations traditionnelles (il n'y aurait alors pas de place pour deux statues de ce saint sur le même pan de mur), dit simplement qu'il n'y a pas de place pour de la dévotion à deux saints à la fois, ou qu'il y a quelqu'un en trop. On pouvait, par exemple, faire cette réflexion à une jeune fille qui avait deux prétendants et ne se décidait pas à choisir, ou à ces deux rivaux eux-mêmes, afin d'inciter l'un des deux à céder la place (*cf.* « Il ne peut pas y avoir deux crocodiles dans le même marigot »). Mais le dicton reflète matériellement le décor religieux familier au Siècle d'Or, celui des statues et statuettes de saints dans les églises, ou encore des images « *de estas de mala estampa* », qui ornaient les murs des maisons et sont décrites par Cervantes dans *Rinconete y Cortadillo*[77].

Saint Julien

Saint Julien, tant sous sa dénomination de San Julián que sous celle de San Juliente, est traité lui aussi sur un ton plutôt léger. On a déjà cité deux proverbes qui ont en commun

---

[77] « *En la pared frontera estaba pegada a la pared una imagen de Nuestra Señora, de las de mala estampa, y más abajo, pendía una esportilla de palma, [...] por do coligió Rinconete que la esportilla servía de cepo para la limosna...* », Miguel de Cervantes Saavedra, *Obras completas*, éd. Á. Valbuena Prat, Madrid, Aguilar, 1946, p. 912a. Traduction : ' Sur le mur d'en face, était accrochée au mur une image de Notre-Dame, de celles qui sont de mauvaise qualité, et plus bas était suspendue une corbeille de palme, de quoi Rinconete déduisit que la corbeille servait de tronc pour recueillir les aumônes... '. La rivalité entre les deux saints Christophe peut d'ailleurs aussi se situer au niveau des aumônes déposées dans les troncs.

le fait de désigner des lieux : l'un se réfèrait au village de San Julián de la Valmuza, l'autre à la paroisse de San Julián à Salamanque : *El gallo de San Julián los llama. [Dícese esto en Salamanca por los mozos que se van con ánimo de valer fuera, y dentro de poco, vuelven a los torreznos de casa; San Julián es una parroquia cerca de la plaza, que tiene un gallo sobre la torre por veleta[78]]* (E 569 r). Ils ne sont donc pas dédiés à la figure du saint elle-même. Dans le second, c'est en raison d'une particularité locale que l'on cite saint Julien (la girouette représentant un coq au sommet du clocher de l'Église San Julián à Salamanque), ce qui l'associe à une idée d'incapacité à se débrouiller seul, propre aux jeunes gens qui reviennent se blottir au foyer maternel après une timide tentative d'indépendance. Ce coq de saint Julien est tout à la fois une « mère poule » pour les jeunes Salmantins et un coq dont le chant appelle non à se tourner vers la vie autonome, mais vers le giron maternel. Mais le nom du saint reste avant tout un signe identitaire de rattachement sentimental à la « petite patrie ».

Plus iconoclaste, et dans la même veine que *San Julián de la Valmuza, que no tiene capa ni caperuza* (S 127 r) est le dicton dialogué *San Juliente de madero, ¿dónde estás, que no te veo?* (S 129 r), « Saint Julien tout en bois, où es-tu ? Point ne te vois... », qui peut aisément lui aussi se prêter à une lecture du même style. Certes, il s'agit seulement d'un saint de fantaisie, créé pour l'occasion, mais tous les saints ne sont-ils pas quand même un peu visés, étant souvent sculptés dans du bois ? On ne s'étonnera pas d'apprendre que, selon

---

[78] Traduction : ' On dit cela à Salamanque au sujet des jeunes qui s'en vont avec l'espoir de réussir à l'extérieur et, peu après, reviennent dans les jupons de leur mère (reviennent aux fritons faits maison) ; Saint-Julien est une paroisse près de la place, qui a un coq sur son clocher en guise de girouette. '

Iglesias Ovejero, ce *madero* (madrier) qu'on apostrophe serait le membre viril fantasmé par la locutrice qui voudrait bien voir s'ériger ce saint pour pouvoir lui faire ses dévotions. Du point de vue de la pragmatique du langage, il s'agit d'une interrogation rhétorique, une interrogation qui n'attend pas de réponse, mais sert à « affirmer ou à demander à l'entité interpellée de signaler sa présence », comme le dit fort à propos dans sa thèse Aida Martín Valbuena[79]. Mais on peut utiliser ce proverbe pour dire, tout bonnement, que l'on ne trouve pas l'objet que l'on est en train de chercher[80].

En revanche, *El paternóster de San Julián* (E 978 r) renvoie à la légende de saint Julien l'Hospitalier (confesseur et non martyr, ce qui explique son absence des martyrologes), saint patron des voyageurs à qui l'on récitait un *Notre Père* pour obtenir de lui la faveur de trouver un logement acceptable le soir et pour être préservé des dangers du chemin. Ce « *Paternóster de san Julián* » est attesté dès 1353[81]. Saint Julien

---

[79] Nous renvoyons, à son étude de l'apostrophe dans les proverbes de Correas, thèse de doctorat, *El vocativo en el «Vocabulario de refranes y frases proverbiales» de Gonzalo Correas*, Universidad de Barcelona, 2008-2009, p. 4.

[80] Il existe en occitan des équivalents : « *Ount ès, que non te besi...* », contre ceux qui ne voient pas ce qu'ils ont devant les yeux, parce qu'ils ne veulent pas le trouver – par exemple, un outil pour travailler. Ou encore : « *Ount ès, trouba non te boli* ».

[81] Saint Julien l'Hospitalier (fête le 7 janvier) à qui, tout comme dans le mythe d'Œdipe, l'on avait prédit qu'il tuerait ses parents, quitta son pays pour échapper à ce destin de parricide. Il s'exila et se maria dans un autre royaume, mais un jour, rentrant à l'aube d'une partie de chasse, il trouva dans son lit un couple qu'il tua sur le champ, croyant que c'était son épouse qui le trompait. Mais il s'agissait de ses propres parents, venus à la recherche de leur fils, et que sa femme avait installés là pour les honorer. Pour expier sa faute, Julien se transforma en passeur pour aider les voyageurs à franchir les rivières dangereuses et fonda des

était, selon la légende, spécialisé dans l'aide à franchir les rivières. Pierre Rézeau nous dit que « le Pater noster à saint Julien semble avoir été très répandu au Moyen Âge »[82]. Mais ce Pater noster pouvait être détourné dans son usage de façon comique, comme lorsqu'un galant, se séparant à l'aube de sa belle, le lui récitait afin d'obtenir qu'elle l'admette à nouveau dans son alcôve la nuit suivante[83]. Le traitement de ce saint authentique est assez contrasté, et oscille entre la dévotion sérieuse et le ton léger employé pour les saints de fantaisie, que nous évoquerons plus loin. Le contexte que l'on peut imaginer pour cet énoncé s'éloigne sans doute totalement de l'évocation des pratiques sérieuses de dévotion, et renvoie alors à une interprétation érotique, de même tonalité quoique moins crue, que celle que l'on peut faire d'un autre proverbe, *Otra badajada por amor de Santa Ana* (O 182 r), « Encore un coup de cloche en l'honneur de sainte Anne », où l'on peut voir que le battant de la cloche a été un symbole masculin bien avant les plans célèbres du film de Buñuel, *Viridiana*. La légende apocryphe de sainte Anne, mère de la Vierge Marie et épouse de Joachim, donna lieu à un culte qui se développa beaucoup au XIVe siècle. Sainte Anne (fête le 26 juillet) était la patronne des matrones et des veuves, et était également censée remédier à la stérilité et présider à la sexualité des couples. La

---

hôpitaux pour héberger les voyageurs.

[82] Pierre Rézeau, *Les prières aux saints en français, à la fin du Moyen Âge*, tome 2, Genève, Droz, 1983, chap. saint Julien. Il cite l'une de ces prières : « Pater noster, Dieu nous promeche / Huy bon jour et grant lieche, / Paiz, santé et bonne aventure, / Bon repaz et bonne peuture... », édité par E. Langlois, dans *Mélanges d'archéologie et d'histoire*, 5, 1885, p. 61-62.

[83] Voir la suggestive gravure illustrant la deuxième nouvelle de la deuxième journée du *Décaméron* de Boccace, intitulée le « Pater noster de saint Julien » : https://gallica.bnf.fr/ark:/12148/btv1b8600073f/f79.

prolifération des légendes à son sujet lui attribua jusqu'à trois époux successifs dont il est dit qu'elle eut postérité. Sainte Anne, symbole de la maternité dans un cadre conjugal traditionnel, offre un fort contraste avec la conception virginale et divine de Jésus-Christ par la Vierge Marie. Il n'est donc pas étonnant que sainte Anne puisse être mise à contribution par la verve populaire irrévérencieuse pour réclamer un surcroît de sexualité, ces coups de cloche du proverbe (*otra badajada*) n'ayant rien à voir avec le pieux carillon des églises. Signalons de surcroît qu'au Siècle d'Or, l'expression « *Otra badajada* » était le plus souvent une exclamation signifiant simplement : « En voilà une autre bêtise ! ». On traite bien quelqu'un de « cloche », en français…

Saint Roch

Un proverbe sur saint Roch sert à exprimer de façon très générale l'idée du « comble ». Il s'agit de *Él robaría la peste a San Roque* (E 1262 r)[84]. C'est déjà un comble de vouloir

---

[84] Un témoignage sur le culte rendu à saint Roch dans les foyers du Siècle d'Or se trouve dans la pièce de Lope de Vega *La juventud de San Isidro*, vid. Françoise Cazal, « Altares domésticos y devoción en dos comedias de Lope de Vega sobre San Isidro », *Pratiques hagiographiques dans l'Espagne du Moyen Âge et du Siècle d'Or*, II, A. Arizaleta, *et al.* (éds.), Toulouse, CNRS-UMR 5136/Université de Toulouse-Le Mirail, 2007, p. 471-481 : Isidro: « *Lo primero el altar os encomiendo, / donde una imagen bella / en brazos tiene al sol, aunque es estrella; / dos estampas hermosas / en quien San Sebastián está sufriendo / las flechas amorosas, / y del Ángel divino recibiendo / la bendición san Roque, / pondremos en la parte que les toque* », *Obras de Lope de Vega* X, *Comedias de vidas de santos*, t. II, éd. M. Menéndez Pelayo, Madrid, Atlas, BAE, 1965, p. 368. À ce propos, on remarque, dans la catégorie des proverbes ici étudiés, un grand absent, saint Sébastien : est-ce le signe que la verve parémiologique a voulu épargner ce saint ?

voler la peste à quelqu'un, mais ça l'est encore plus de la voler à saint Roch, qui, une fois qu'il l'eut contractée en soignant des malades, s'isolait pour éviter de contaminer ses congénères. Signalons que ce saint patron des pestiférés[85] (spécialité qu'il partage avec saint Sébastien), est un saint montpelliérain. La légende raconte que, pour ne pas répandre la contagion, il s'était retiré au fond des bois dans une hutte, où il serait mort de faim s'il n'avait été nourri par le chien d'un châtelain voisin qui lui apportait chaque jour un pain dérobé à la table de son maître. Le détail du chien qui vole un pain chaque jour à la table du seigneur peut avoir inspiré, par translation, l'idée de « voler » (la peste à saint Roch). Cette notion de « comble » sur lequel repose l'énoncé n'est pas très révérencieuse, même si les propriétés thaumaturgiques de saint Roch ne sont pas mises en doute et servent tout de même d'arrière-fond.

Saint Blaise

Le proverbe déjà cité *San Blas de Güete, por sanar una mató siete* (S 114 r) semblait mettre en cause le pouvoir de guérison du saint, mais Correas rassurait aussitôt son lecteur en soulignant expressément que la cible de cet énoncé n'était pas la personne de saint Blaise, mais les habitants du village de Güete. Néanmoins, le nom du saint reste associé à une plaisanterie et seuls les initiés connaissant la légende noire de Huete (ou Güete) peuvent comprendre à quoi est due cette mortalité surprenante. Sur saint Blaise lui-même[86], on trouve

---

[85] Saint Roch, pèlerin, est mort à Montpellier en 1327. On le fête le 16 août. Le signe distinctif de ce saint est une croix rouge dessinée sur sa poitrine.
[86] Saint Blaise, médecin puis évêque de Sébaste, fut martyrisé en 316. Sa fête est le 3 février. « Pour fuir le martyre, il se cache dans une caverne

deux énoncés quelque peu ambigus : *San Blas, ahoga ésta, y ven por más; o San Blas, ahógate más. [A uno que tose]* (S 113 r), « Saint Blaise, étouffe celle-là (cette quinte de toux), et reviens pour les suivantes ; [ou] étouffe-toi plus encore. [À quelqu'un qui tousse] ». Le premier est une invocation sérieuse à saint Blaise pour lui demander d'interrompre la quinte de toux du malade et de le protéger autant de fois qu'il sera nécessaire des quintes suivantes. Le deuxième énoncé, qui semble dérivé du premier, est formulé d'une façon ambiguë : *San Blas, ahógate más*. L'invocation à saint Blaise y est suivie d'un impératif qui ne s'adresse pas au saint, mais à la personne qui tousse ou s'étrangle avec une arête. Ce dicton employé par antiphrase pour conjurer le mal pouvait servir aussi à se moquer d'une personne qui toussait trop bruyamment.

---

auprès de laquelle coule une source et où des racines poussent : ce saint est donc aussi lié à des représentations de vie érémitique. Il soigne aussi les bêtes sauvages (tigres et lions) qui l'entourent de leur amitié et se montrent capables de respecter son silence quand il est en prière. Les hommes d'Agrippa s'emparent de lui et lui font subir le martyre » (*Dictionnaire des saints, op. cit.*). Et voir *La vie des saints dont on fait l'office...* du RP Simon Martin, Paris, 1683 : « Pendant qu'il était prisonnier, on lui amenait des malades à guérir et une femme lui présenta son enfant qui avait une arête en travers de la gorge. Blaise invoqua Dieu pour le guérir et tous ceux qui souffrent du même mal. C'est donc saint Blaise qu'on invoque dans ce cas, dans les termes suivants, en saisissant la gorge du malade : " Blaise, martyr et serviteur de Jésus-Christ, commande que tu montes ou que tu descendes " ». En Espagne, le rituel catholique, le 3 février, avait recours aux mots suivants, de façon préventive, en touchant la gorge des fidèles avec un double cierge béni : « *Por intercesión de san Blas / te libre Dios de los males de garganta* », et les femmes, lorsqu'un enfant s'étouffait, invoquaient le saint en disant : « *San Blas bendito, que se ahoga el angelito* ».

Saint Lazare

Les proverbes cristallisent l'image principale, généralement spectaculaire, que l'on garde du saint, comme dans *Estar hecho un San Lázaro. [De uno que tiene muchas llagas]* (E 640 f), « On aurait dit un saint Lazare. » [De quelqu'un qui est couvert de plaies], ou encore *Más llagado que un deciplinante. Más llagado que Lázaro... que un san Lázaro.* (M 59 f), « Couvert de plaies comme un pénitent. Couvert de plaies comme Lazare... comme saint Lazare », allusion au personnage de Lazare, le pauvre gisant à la porte du festin d'un homme riche, et auquel seuls les chiens manifestent de la pitié, lui léchant ses ulcères, assimilés à la lèpre par la tradition[87] : l'univers des proverbes se prête particulièrement aux images visuelles fortes.

Saint François

Autre exemple, *La mula de San Francisco. [«Ir, o venir, en la mula de San Francisco*[88]*», por: andar a pie]* (L 639 r),

---

[87] Évangile de Luc, chap. 16 : « Il y avait un homme riche qui se revêtait de pourpre et de lin fin et faisait chaque jour brillante chère. Et un pauvre, nommé Lazare, gisait près de son portail, tout couvert d'ulcères. Il aurait bien voulu se rassasier de ce qui tombait de la table du riche... Bien plus, les chiens eux-mêmes venaient lécher ses ulcères. » Ne pas confondre avec Lazare de Béthanie, celui de la résurrection.

[88] Voir *Dict. des saints, op. cit.* : « Saint François d'Assise, fondateur de l'ordre des franciscains, est mort en 1226. L'Église le fête le 4 octobre. De son véritable nom Jean Bernardone, il était fils d'un riche marchand de drap d'Assise qui, bon connaisseur de la France pour ses affaires, préféra l'appeler François. Il mène une vie dissipée en compagnie de la jeunesse dorée de la ville, il a le goût des grandeurs et du luxe, mais déjà se montre sensible à la pauvreté des malheureux. Il s'en voulut d'avoir refusé un jour l'aumône à un pauvre, et se promit désormais de ne plus

« La mule de saint François. [Aller ou venir sur la mule de saint François, pour : aller à pied] ». Les franciscains, moines mendiants ayant fait vœu de pauvreté, voyageaient ainsi. L'expression n'est autre qu'une façon amusante de dire que l'on va *pedibus cum jambis*. La verve populaire actuelle a modernisé cette expression du Siècle d'Or, sous la forme suivante : « *Ir en el coche de San Fernando, un ratito a pie y*

---

jamais se dérober à la charité. Il part à la guerre qui opposait Assise à la ville de Pérouse et est fait prisonnier pendant un an. Il est prêt à repartir pour les Pouilles quand il rencontre un lépreux et l'embrasse, dominant sa répulsion. Un jour qu'il était en prière dans la chapelle de Saint-Damien, il entend une voix descendre d'un crucifix, qui lui dit : " Va, François, et reconstruis ma maison, car elle est proche de s'écrouler ". Pour aider à cette réfection de l'église de Saint-Damien, il vend des pièces de drap dérobées à son père. Jugé devant le tribunal de Guido, l'évêque d'Assise, il quitte ses riches vêtements, ne gardant qu'un silice et affirmant qu'il n'a plus d'autre père que celui qui est dans les cieux. Il quête dans les rues pour sa nourriture et on l'appelle " le fou ". Il mendie aussi des pierres pour reconstruire cette église, en compagnie de disciples qui l'avaient rejoint. Il salue ceux qu'il rencontre de la formule " Dieu te donne la paix ". En 1210, il part à Rome pour que le pape Innocent III bénisse la règle de l'ordre qu'il veut fonder, celui des Frères mineurs. Elle se résume à ceci : " Pratiquer la pauvreté, l'humilité pour l'amour de Jésus crucifié, et chanter la joie ". Cherchant le martyre, il part au Maroc, puis en Égypte, mais, malade, il revient en Italie rejoindre les " petits frères " qui l'attendent au sanctuaire de Notre-Dame-des-Anges, appelé " la Portioncule ". Deux par deux, ses moines vont travailler dans les hôpitaux de lépreux ou dans les fermes pour gagner leur pain, la règle leur interdisant de gagner de l'argent. Les rebuffades que reçoivent ces frères mendiants sont une épreuve qui les conduit à " la joie parfaite " qui " jaillit de la pureté du cœur et de la constance dans la prière " et de la contemplation de la nature. Son amour du Christ se traduisit par la réception des stigmates de la Passion, lors d'une période de méditation de prière et de jeûne, sur le mont Alverne. Malade et quasi-aveugle, il ne cessera de chanter les louanges du Créateur. Il se fera transporter au monastère de la Portioncule, ou il *otro caminando* »⁸⁹. La voiture a remplacé la mule, et on a trouvé un autre nom de saint pour rimer avec « *caminando* ». Cet exemple moderne montre bien que la verve créatrice de noms de saints de fantaisie ne s'est pas tarie au Siècle d'Or.

Saint Georges

Mais revenons au Siècle d'Or et à une autre image spectaculaire de saint, celle de saint Georges. L'empreinte de la tradition hagiographique peut se moduler de façon familière, comme le montre une expression par laquelle on taquinait les personnes craintives, en leur reprochant d'appeler à la rescousse saint Georges pour un oui ou pour un non : *San Jorge, mata la araña. [Contra medrosos y para poco, que para nonada piden milagros y grandes favores]* (S 118 r), « Saint Georges, tue l'araignée. » [Contre les peureux et craintifs, qui pour un rien demandent des miracles et des grandes faveurs]. À l'opposé du grand saint Georges⁹⁰ tuant le dragon, ces « petites

---

dictera son testament spirituel d'amour et de pauvreté, et attendra calmement la mort en répétant : " Sois la bienvenue, ma sœur la mort ". Il est l'auteur de poésies chantant la création, et en particulier d'un hymne au soleil ».
Lope de Vega écrivit sur la vie et les fondation de François d'Assise une *comedia de santos* intitulée *El Serafín humano*. Les fresques de Giotto dans la Basilique d'Assise immortalisèrent en 1296 les épisodes les plus célèbres de son histoire, comme le baiser au lépreux ou le sermon aux oiseaux.

⁸⁹ Cité par Henri Ayala, *Expressions et locutions populaires espagnoles commentées*, Paris, Armand Colin, 1995, p. 83.

⁹⁰ Sa fête tombe le 23 avril. Saint Georges est censé avoir subi le martyre sous Dioclétien, au IVᵉ siècle, et on lui rend un culte fervent en Orient, mais l'on ne sait rien de sa vie. Les pèlerins se rendaient à Lydda, en Palestine, pour le vénérer. Les Grecs, qui l'ont entouré de légendes, l'appellent « le Grand Martyr ». Son culte se répandit largement en

natures » s'effraient de la moindre difficulté. Ce proverbe ironique peut s'employer plus généralement pour dénoncer de trop grands moyens mis en œuvre pour peu de chose, l'équivalent de « tuer une mouche avec un bazooka », ou encore du « marteau pilon, pour casser une noix ». Partant de l'image très populaire du grand saint Georges, l'expression proverbiale en donne une version familière, à des fins amusantes. Preuve que chacun, au Siècle d'Or, avait constamment en tête l'image de saint Georges terrassant le dragon.

Saint Vincent

On l'a vu, un énoncé sérieux peut être employé de façon burlesque. Mais, parfois, c'est l'énoncé lui-même qui est burlesque par ses traits hyperboliques, comme l'exemple suivant. C'est une histoire à épisodes, où une femme de mœurs peu recommandables, s'adressant à son mari, jure tous ses grands dieux, foi de saint Vincent[91], qu'elle a été vertueuse. Il

---

Occident, en particulier grâce aux Anglais qui le choisirent comme saint national à leur retour de croisades (voir *Dictionnaire des saints, op. cit.*).

[91] Vincent Ferrier (Vicente Ferrer, en espagnol), dominicain et missionnaire, vécut vers 1340-1419. Fête le 5 avril. Le *Dictionnaire des saints* en dit ceci : « Une sainte famille à Valence, en Espagne : un des enfants, Boniface, sera général des chartreux ; un autre, Vincent, sera appelé « l'apôtre de l'Europe ». Il a dix-sept ans. Après de brillantes études, il entre chez les dominicains. Il commence à prêcher et convertit dans sa patrie un nombre considérable de juifs et de Sarrasins. D'Espagne, Vincent passe en France, en Italie, en Suisse, en Allemagne, dans les Pays-Bas. Une multitude de miracles accompagnera sa parole : les foules se précipitent vers le prédicateur et thaumaturge ; de ville en ville, le suivent des milliers d'auditeurs ; les places des cités ne peuvent contenir la foule, il lui faut prêcher en pleine campagne. Il parle d'une telle façon du Jugement dernier que les grands pécheurs éclatent de

en existe deux versions chez Correas :

- *San Bizente, yo a jurar y tú tente; quien a su marido encornuda, ¡Dios, y tú la ayuda! Y él si lo cree, que en la horca pernee. —Bajá acá, mujer querida, que ya sois creída. [Íbala subiendo por una escalera, para colgalla, por sospechas de cuernos, y satifízose con este juramento. «Bicente» pronunciamos, no «Vicente»; y después irá con V.]* (S 112 r), « Saint Vincent, c'est moi qui prête serment et toi, tiens-toi bien. Celle qui trompe son mari, ah mon Dieu, protège-la ! Et lui, s'il croit ça, pendu au gibet il soit. — Descendez, ma femme adorée, je vous crois tout à fait ».

- *San Vicente, yo juro y tú tente; que la que a su marido encornuda, a la horca le suba, y si vos lo creéis, en la horca perneéis, y si yo lo hago, que muráis ahorcado, y si os falta soga, yo os daré otra; o que si os falta soga, yo os daré otra. —No juréis, mujer querida, que ya sois creída.* (S 160 r), « Saint Vincent, c'est moi qui prête serment et toi, tiens-toi bien. Que celle qui son mari a trompé, au gibet le fasse monter, et si à mes paroles vous ne prêtez foi, que pendu au bout d'une corde je vous voie, et si je le fais, pendu soyez, et si la corde vous fait défaut, j'ai ce qu'il vous faut. —Ne jurez pas, ma femme adorée, je vous crois tout à fait ».

Ce petit dialogue en deux variantes se moque des serments fantaisistes et véhéments dans lesquels la prota-

---

repentir et se soumettent aux plus rigoureuses pénitences. Devant les merveilles qu'il opère, le saint s'écrie : " Non pas à moi, Seigneur, mais à votre nom seul donnez la gloire ! ". Il s'inflige de sanglantes disciplines, appelle à imiter les pécheurs convertis qui s'attachent à lui, en habits de pénitence, les pénitents ou Flagellants, qui s'étendirent dans l'Europe et se perpétuèrent presque jusqu'à nos jours. Après avoir assisté au concile de Constance, Vincent Ferrier termina, avec beaucoup de souffrances, ses courses apostoliques en Bretagne. » (*Dictionnaire des saints, op. cit.*).

goniste, qui n'a pas la langue dans sa poche, s'embrouille et embrouille son mari, de façon comique. Non seulement elle trompe son mari, mais elle voudrait le voir pendu, et le mari gobe le tout ! L'insistant contexte du gibet n'est pas très respectueux envers la mémoire du saint et montre la liberté avec laquelle l'inspiration populaire associe les situations les plus critiques à ces vénérables figures.

Sainte Claire

Plus gai est le contexte de *Santa Clara nos alumbre, y echá una azumbre* (S 174 r), « Que sainte Claire nous éclaire, et envoyez un autre pichet », proverbe qui nous introduit dans l'ambiance joyeuse d'une taverne où le vin coule à flot, à la lumière vacillante des chandelles. Ce proverbe ne s'intéresse pas aux vertus de sainte Claire (la pauvreté), mais joue simplement sur les connotations phonétiques de son nom (Claire, « éclairer », *nos alumbre*)[92], et se transforme en invitation à boire : *y echá una azumbre*. À moins que l'on ne

---

[92] La fête de sainte Claire est le 12 août. Le Pape Alexande IV qui canonisa Claire d'Assise en 1255, deux ans après sa mort, avec la Bulle *Clara Claris*, avait déjà usé de ces effets rhétoriques. Correas lui-même, dans le long commentaire sur *Al buen callar llaman Sancho*, signale ces procédés : « *en la lengua española, usamos mucho la figura «paronomasia», que es semejanza de un nombre a otro, porque para dar gracia con la alusión y ambigüedad a lo que decimos, nos contentamos y nos basta parecerse en algo un nombre a otro para usarle por él; y ansí decimos: «Es de Durango», para decir que es duro, apretado y escaso; y que «está en Peñaranda» una cosa, para decir que está empeñada, y que «es ladrillo», para llamar a uno ladrón; «mas natas», por «mas nada»; «bucólica» por lo que toca al comer, por lo que tiene de boca; «espada de Maqueda», por la que se queda con vuelta doblada o torcida como cayado.* »

veuille y voir aussi une allusion au *clarete* (le rosé), ou au fait que les buveurs n'y voient plus très clair...

Saint Jean

Il existe d'ailleurs une autre façon indirecte et plaisante de demander à boire, mais elle est un peu plus marquée par le contexte agricole. C'est le dicton *¿San Juan vino por aquí? —Por aquí vino. [Graciosa pregunta y respuesta para pedir vino los gañanes; o en convite, y tal manera]* (S 124 r), « Saint Jean vint par ici ? —Par ici, vint. [Amusante question et réponse pour demander du vin, chez les ouvriers agricoles ; ou au cours d'une invitation, ou semblable occasion] ». Rappelons la version plus explicite encore où c'est le Christ qu'on invoque : *¿Jesucristo, por quién vino? —Por todos vino. [Lo primero dice un gañán; lo segundo responde otro, y con esto piden de beber para todos.]* (J 13 r), « "Jésus-Christ, pour qui il vint ? —Pour tous il vint." [Le début, c'est un ouvrier agricole qui le dit ; ensuite, c'est un autre qui lui répond, et avec cela ils demandent à boire pour tous] ».

Citer dans cette étude un seul exemple sur saint Jean paraît un peu injuste, par rapport au nombre important de proverbes faisant appel à lui pour le calendrier agricole. Pour compenser, nous citerons au moins ce délicieux proverbe dialogué bien qu'il renvoie, de toute évidence, non pas au personnage de saint Jean, mais à sa fête, date majeure du renouvellement des cycles de la nature : *Mi reina, ¿qué tanto ha que no se peina? —Mi galán, desde San Juan*, « Ma reine, depuis quand ne vous êtes-vous pas peignée ? —Mon galant, depuis la Saint-Jean » (M 978 r)[93]. L'assonance entre *galán* et Juan souligne le lien entre la fête de la Saint-Jean et les rites amoureux. Comme il n'y a pas de rapport entre ce proverbe et la figure de l'apôtre, il ne se produit, malgré le double sens non équivoque de *peinar*[94], aucune offense à la décence que Correas se serait senti obligé de réprouver.

Saint Barthélémy

Toujours à la louange des vignes du Seigneur est cet autre proverbe, à la forme bien martelée : *Tal es el vino para los gargajos, cual es San Bartolomé para los diablos* (T 18 r), « Aussi souverain est le vin contre les catarrhes que saint Barthélémy contre les diables ». Le vin est considéré comme la panacée, en particulier pour soigner les raclements de gorge évoqués ici concrètement par le mot *gargajos* (' crachats ') et ses vertus sont comparées à l'effet radical produit par saint Barthélémy sur les diables. La légende de saint Barthélémy, cependant, ne parle ni de diables ni de maux de gorge, et ici le proverbe se livre à une reconstruction fantaisiste, explicable si l'on met en rapport le supplice de saint Barthélémy, écorché vif (raison pour laquelle il est le patron des bouchers, des tanneurs et des relieurs) et les douleurs aiguës de la gorge. Ce proverbe est lui aussi, de toute façon, une invitation à boire sous le

---

[93] Margit Frenk, *Corpus de la antigua lírica popular hispánica (siglos XV-XVII)*, Madrid, Castalia, 1987 (1916).

[94] Voir une *letrilla* citée dans la *Floresta de poesías eróticas del siglo de Oro*, Pierre Alzieu, Yvan Lissorgues et Robert Jammes, Toulouse, France-Ibérie Recherche, 1975, p. 96-97 : « *Cuando te tocares, niña, / mira, mira y ten acuerdo / que te toques de medio a medio. / [...] Para peinarte en razón / sobre tu cama te peina, / y estarás como una reina, / que es gusto peinar a son* », v. 1-3 et 12-15.

prétexte fallacieux de soigner la gorge et, là encore, la figure du saint est quelque peu traitée à la légère. Le même saint est évoqué avec tout autant de familiarité dans l'expression *Ni hagas del queso barca, ni del pan San Bartolomé. [Que no saquen el migajón del queso, ni descortecen el pan, sino que se corte igual]* (N 196 r), « Ne fais pas du fromage un bateau, ni du pain un saint Barthélémy. [Qu'ils n'enlèvent pas la partie tendre du fromage, ni n'arrachent la croûte du pain, mais le coupent avec régularité] », où l'on défend aux enfants de manger n'importe comment le fromage et le pain, en comparant ces pratiques au geste du bourreau écorchant saint Barthélémy. Cette phrase montre combien les légendes des saints et leur iconographie imprègnent les esprits au Siècle d'Or, particulièrement ceux des jeunes enfants. Le geste d'« écorcher le pain » est chargé d'une grande puissance évocatrice, et devait dissuader les enfants de se comporter en « bourreaux » du pain.

Sainte Anne et saint Michel

Correas cite aussi dans les pages de son *Vocabulario* des fragments de chansons enfantines, comme celle qui met en scène à la fois sainte Anne et saint Michel : *Señora Sant'Ana, dame una blanca; / Señor San Miguel, dame un alfiler. [Dicen esto los niños buscando en las canales cuando ha llovido*[95]*]* (S 255 r), paroles qui témoignent de la popularité de ces deux saints parmi les enfants. Les éléments cités, *una blanca* (petite pièce de monnaie) pour sainte Anne[96] et *un alfiler* (une épingle)

---

[95] ' [Les enfants disent cela en cherchant dans les rigoles quand il a plu.] '
[96] La fête de sainte Anne est le 26 juillet. Voilà ce qu'en dit le *Dictionnaire des saints, op. cit.* : « Dès le 1er siècle, Anne fut vénérée comme le modèle des mères, et l'Église lui décerne le titre officiel de mère de la Sainte Vierge. " Elle avait attendu longtemps cette maternité ", dit

pour saint Michel[97] ont un lien fort simple avec l'iconographie. Dans cette litanie que chantonnaient les enfants à la recherche de menus objets perdus (pièces de monnaie, aiguilles, épingles) emportés par les eaux de ruissellement dans les rues (une chasse au trésor, en quelque sorte), les noms de ces deux saint ne figurent pas seulement pour leur assonance (en a/a, et e/e). Dans l'« aiguille » on peut facilement voir une résurgence en miniature de l'épée ou de la lance de saint Michel terrassant le diable, et les nombreuses scènes de maternité de sainte Anne avec la Vierge et l'Enfant incitent à ce rapprochement avec le monde de l'enfance. Les oreilles des enfants sont bercées dès leur plus jeune âge avec le nom de Santa Ana : nombreuses sont les berceuses où apparaît la mère de la Vierge. Citons trois exemples de ces productions populaires traditionnelles, réunies par Manuel Fernández Gamero, un passionné du genre, dans *La Rosa de los rosales*[98] :

l'Évangile apocryphe de saint Jacques, " et ce fut une grande épreuve pour elle et son époux Joachim, mais un ange annonça enfin la naissance d'une enfant qu'ils appelleraient Marie et consacreraient à Dieu dans le temple ". Le culte de sainte Anne, très ancien, se répandit en Europe et au Canada ».

[97] La fête de saint Michel Archange est le 29 septembre. Dans le *Dictionnaire des saints, op. cit.*, on trouve à son sujet les lignes suivantes : « Saint Jean, dans son Apocalypse, fait de l'Archange Michel le chef de la milice céleste qui vainquit Lucifer et le chassa du ciel, dans ce mystérieux combat des bons et des mauvais anges. Son nom, en hébreu, veut dire : « Qui est semblable à Dieu ». La plupart des apparitions d'anges mentionnées dans l'Ancien Testament sont attribuées à saint Michel. L'iconographie le représente pesant, au moment du jugement, les âmes dans la balance et conduisant les élus au paradis. La liturgie le nomme et le fait invoquer comme secours contre le démon ; De nombreux sanctuaires lui sont dédiés ».

[98] Manuel Fernández Gamero, *La Rosa de los rosales. Huellas antiguas en canciones de cuna*, Sevilla, Servicio de Archivos y Publicaciones. Diputación de Sevilla, 2008.

Ou encore :
> *Señor Joaquín,*
> *señora Santa Ana*
> *¿por qué llora el Niño?*
> *—Por una manzana*
> *que se le ha perdido*
>
> *Señora Santa Ana,*
> *carita de luna,*
> *duerme a este niño*
> *que tengo en la cuna.*

Mais la plus belle de toutes ces berceuses est celle qui se trouve dans le théâtre de Diego Sánchez de Badajoz, et que l'illustre curé de Talavera a intégré dans sa *Farsa en que se representa un juego de cañas espiritual* (*Recopilación en metro*, Sevilla, 1554)[99] :

Sibila :	*¡Ha la gala, ha la gala!*
	del Niño, chequito, bonito.
Pastor-Serrana :	*Sant Ana, su agüela*
	vístele la faxuela,
	bonito,
	la gala del Niño, chequito,
	bonito[100].

---

[99] Diego Sánchez de Badajoz, *Farsa en que se representa un juego de cañas espiritual de virtudes contra vicios*, dans *Recopilación en metro*, Sevilla, 1554, ed. Frida Weber de Kurlat, Buenos Aires, Facultad de Filosofía y Letras, 1968, p. 524-525.

[100] L'expression « *Ha la gala* » est fréquemment employée dans les chansons populaires traditionnelles. C'est une simple cheville rythmique qui n'a pas de sens précis. Proposition de traduction : SIBYLLE : ' Vive, vive, / l'Enfant, petit, joli./ BERGER, BERGÈRE : Sainte Anne, sa grand-

Saint Alphonse

Sur le même principe de la chansonnette enfantine, on trouve aussi dans le recueil de Correas une prière de fille à marier : *Santa María, casarme querría; Credo, con un buen mancebo; Salve, que no tenga madre; San Alifonso, rico y hermoso; Madre de Dios, otorgámelo Vos* (S 180 r), « Sainte Marie, je voudrais me marier ; *Credo*, avec un beau garçon ; *Salve*, qui n'ait pas de mère ; saint Alphonse, riche et beau ; Mère de Dieu, accordez-le moi. » L'hagiographie apparaît là encore au deuxième degré, sous forme d'une parodie de prière motivée par des motifs assez peu religieux, puisque la fillette désire surtout un beau mari, et si possible pas de belle-mère. Saint Alphonse (San Alifonso), évêque de Tolède au VIIe siècle, grand dévot de la Vierge, auteur d'un traité sur la virginité de Marie et disciple de saint Isidore, fut un saint populaire en Espagne au Moyen-Âge, comme l'attestent les *Flores sanctorum* ainsi qu'un célèbre texte médiéval *La Vida de San Alifonso*[101]. Plusieurs fragments de prières populaires évoquant

---

mère / lui met ses langes /, joli, vive l'Enfant, petit, / joli. '

[101] Voir *La vida de San Alifonso por metros (Ca 1302)*, éd. et étude par John K. Walsh, *Romance Philology*, Numéro spécial, 1992-93, Supplément au vol. XLVI, n° 1, J. R. Craddock et C. B. Faulhaber, University of California Press. Les récits en prose de l'hagiographie de San Alifonso sont étudiés par Fernando Baños Vallejo dans son ouvrage fondamental *La hagiografía como género literario en la Edad Media: tipología de doce Vidas individuales castellanas*, Oviedo, Universidad de Oviedo, 1989, réédité sous le titre de *Las Vidas de santos en la literatura medieval española*, Madrid, El Laberinto, 2007. Ou encore, voir José Aragüés Aldaz, *Las Vidas de santos en los siglos XVI y XVII*, Madrid, El Laberinto. On consultera aussi, du même auteur, la *Bibliografía de la Hagiografía Hispánica, siglos XVI-XVIII*, en

ce saint ont été recueillis par Fernando Baños Vallejo, dont voici un exemple :

San Alifonso se levantó,
sus manos blancas lavó,
al camino de Nuestra Señora llegó[102].

Saint Thomas

L'assonance se double d'un effet burlesque dans cet autre proverbe, *Es de la Orden de Santo Tomás* (E 340 f) « Il est de l'Ordre de saint Thomas », avec le jeu de mots facile entre Tomás et le verbe *tomar* (« prendre »), dont le sens est explicité par le commentaire de Correas : *[Para decir que recibe y no da]*, [Pour dire qu'il reçoit et ne donne pas].

Sainte Catherine

Examinons maintenant une série d'expressions proverbiales consacrées à sainte Catherine, dont la première a déjà été commentée : *Parecía una santa Catalina. No parecía que había más mal en ella que en una santa Catalina. [La que descubrió ruindades debajo de hipocresía]* (P 77 f), et *Una santa Catalina. [Por: santa y buena. «Es una santa Catalina»; «Parecía una santa Catalina»; «Pensábamos que era una santa Catalina»]* (U 39 f). Aussi bien les énoncés que le

---

ligne à l'URL suivante :
http://web.uniovi.es/CEHC/pdf/aragues/biblaragues.PDF
[102] Voir Fernando Baños Vallejo, « Plegarias de héroes y de santos, más datos sobre la oración narrativa », *Hispanic Review*, 62, 1994. Traduction : ' Saint Alphonse s'est levé, / ses blanches mains a lavées, / vers Notre-Dame est allé. '

commentaire de Correas semblent montrer que sainte Catherine est simplement prise comme parangon de sainteté, sans allusion précise à sa légende, pas même à la célèbre roue dentée de son martyre. Le culte de sainte Catherine d'Alexandrie, patronne des philosophes[103], était très développé, ce qui fait de cette figure l'image même de la sainte authentique, bien que son existence soit légendaire. Ce culte fervent explique aisément qu'on la cite dans les proverbes pour dénoncer les comportements de ces fausses saintes, les bigotes hypocrites qui affichent seulement à l'extérieur une vie de sainteté. Les deux énoncés cités ne concernent donc que de loin la légende de Catherine, mais reflètent, au moins, sa grande popularité. L'emploi de ces expressions semble avoir été si

---

[103] La tradition, bien connue en France, selon laquelle sainte Catherine est la sainte patronne des filles qui n'ont pas encore trouvé mari à vingt-cinq ans (les « Catherinettes ») n'existe pas en Espagne, même si l'on a l'équivalent dans l'expression *quedarse para vestir santos* (' rester pour habiller les saints '), encore employée pour faire allusion aux vieilles filles. Catherine est la patronne des savants, des meuniers, des théologiens, des charrons et des potiers. Vierge martyre, elle est supposée avoir vécu au IVe siècle mais, selon les termes du *Dictionnaire des saints*, « elle n'a vécu sa belle histoire que dans les imaginations. D'après la légende, Catherine se présenta devant l'empereur à Alexandrie pour défendre les chrétiens persécutés. Son intelligence la fit se confronter avec les philosophes dont elle triomphe, à la grande colère de l'empereur qui ordonne que soient brûlés les philosophes stupides ; ceux-ci, éclairés de la lumière divine, tombent aux pieds de la sainte, reconnaissant le vrai Dieu et entrent dans les flammes en se signant. L'empereur offre à Catherine de devenir impératrice. Elle répond par l'indignation, ce qui lui attire la fureur impériale. Martyrisée, elle voit lui apparaître cinquante lumières éblouissantes qui la réconfortent : les âmes glorifiées des philosophes martyrs. Une roue hérissée de clous la déchire, puis, brusquement, se rompt. Un soldat enfin tranche la tête de Catherine. Telle est la belle légende de la vierge savante et martyre dont l'histoire enchanta le Moyen Âge ».

fréquent qu'elles figurent à la fois dans les proverbes avec nom de saint et dans ceux sans précision de nom. Mais, l'hypocrisie et la fausse sainteté dénoncées par ce proverbe contribuent, par voisinage sémantique, à dégrader l'image de la sainte.

Saints imaginaires

Les saints officiels ne sont pas épargnés dans les proverbes, mais la verve populaire se déchaîne particulièrement avec la création de saints de fantaisie, dans la lignée des « San Carajulián Bendito », « San Carajo », « San Pito », « San Porro[104] », « San Pego », ou « San Ciruelo »[105] évoqués par Iglesias Ovejero[106]. Série à laquelle on peut ajouter, dans un autre registre, « San Seguracio »[107]. Ces saints de fantaisie sont toutefois assez faiblement représentés dans la collection de

---

[104] Du nom de « *San Porro* », Correas précise qu'il s'emploie *[A modo de apodo.]*, ' [Comme sobriquet] '. *Porro* est dérivé de *porra*, gourdin, lui-même ainsi dénommé parce que son extrémité est plus large que le manche et rappelle la forme du poireau (*porro o puerro*). Covarrubias précise que, de façon humoristique, on utilisait le mot « *porro* » pour désigner quelqu'un d'obtus (le contraire de *agudo* 'pointu ', ' incisif ', ' intelligent ') : ' *[Porro dezimos al necio por no ser nada agudo, sino grossero, como el cabo de la porra; essa mesma semejança tiene el majadero y badajo.]*, ' [Nous appelons *porro* le niais car il n'est en rien vif d'esprit, mais mal dégrossi, comme le bout du gourdin ; même trait commun avec *majadero* (pilon) ou *badajo* (battant de cloche).] '

[105] Mots qui sont divers synonymes du sexe masculin.

[106] Voir « Los santos… », art. cit., p. 6-83, où cet auteur, devant l'abondance de termes désignant métaphoriquement le phallus dans la culture espagnole, diagnostique une « sanctification du membre masculin » (p. 36).

[107] *San Seguracio. [Por: seguridad. Componen este nombre de «seguro», dando a entender que quieren seguridad en el contrato y los negocios]* (S 109 f).

Correas, si l'on compare avec l'emploi abondant qui en est fait en littérature[108]. Correas met en rapport, dans un de ses commentaires, deux autres saints de fantaisie de son *Vocabulario*, Santo Leprisco[109] et San Ciruelo :
- *La de Santo Leprisco. [Dicho de donaire, como «San Ciruelo», «San Pito».]* (L 177 r), « Celle de saint l'Ancien. [Dit en guise de plaisanterie, comme « saint Prunier », « saint Sifflet ».] » ;
- *Para el día de San Ciruelo, que es un día después de la fin* (P 157 r) « Pour le jour de la Saint-Prunier, qui est un jour après la fin » ;
- *San Ciruelo. [Por santo no determinado ni cierto. «Para el día de san Ciruelo», es decir: para nunca jamás.]* (S 107 f), « *Saint Prunier.* [Comme nom de saint ni précis ni véritable. « À la Saint-Prunier », c'est-à-dire : jamais au grand jamais].

Le nom de *ciruelo* ('prunier') rappelle de façon familière le bois de fruitier dont pouvaient être faites les statues de saints : Robert Jammes cite en note de son édition l'apostrophe insolente d'un fidèle à un saint de fraîche date : « *¡Ciruelo te conocí!* » (« Je t'ai connu quand tu étais encore prunier !»). Mais sous l'idée de prunier, il y en a une autre, en raison de la ressemblance en espagnol avec le mot « *cirio* » (cierge) qui, et pas seulement pour Iglesias Ovejero, ferait allusion au pénis. Pour une fois, Correas coïncide totalement

---

[108] Voir la longue et instructive note consacrée par María J. Canellada aux jurons dans le théâtre de Lucas Fernández, où sont mentionnés San Conejo, San Pego, San Hedro, San Junco, San Rodrigo, San Rollán, San Doval, Santella, Santillana, San Vasco. Voir : Lucas Fernández, *Farsas y églogas*, éd. Mª. Josefa Canellada, Madrid, Castalia, 1976, p. 296-298.

[109] « *Leprisco* » est sans doute formé sur le latin « *priscus* » : ' le premier ', ' le plus ancien '.

avec cette interprétation, puisqu'il explique, dans la partie «*frases*» le mot «*Ciruelo*», dans une entrée lexicale indépendante : *Ciruelo. [Lo del macho, yerto; del varón.]* (C 98 f), « [La chose du mâle, raide ; de l'homme]. Ce qui nous permet de mieux comprendre le ton agressif (ou nostalgique ?) de «*¡Ciruelo te conocí!*». Précieuse aide de Correas, d'autant plus que ce sens n'est répertorié dans aucun lexique.

Au XXIe siècle, lorsque l'on traite quelqu'un de « San Ciruelo » (saint Prunier), c'est plutôt pour dire qu'il est un idiot[110], alors qu'au Siècle d'Or, en dehors des allusions susmentionnées, c'était plutôt l'équivalent de notre saint Glin Glin, la Saint-Prunier se fêtant le 30 février, c'est-à-dire un jour qui n'existe pas.

La figure du saint sert aussi à incarner de façon comique divers gestes, généralement sous la forme d'un verbe personnifié : *[Son infinitivos hechos nombre]*, écrit Correas. San Cayas, San Tente, San Vedme, San Vednos, San Miradme, San Veámonos : *Válate San Cayas, que es abogado de Ojos Quiebres. [Al que estropieza]* (V 27 r). *Válate San Cayas, que es abogado de San Tente.* (V 28 r). *Vámonos a San Vedme y a San Miradme y a San Virotón.* (V 39 r). *Vámonos a San Vednos y a San Veámonos. [De las que van a ver y ser vistas]* (V 40 r).

On trouve aussi San Pechar et San Rogar : *San Pechar hace buen yantar, que San Rogar no ha lugar. [«Pechar», por: contribuir y pagar; son infinitivos hechos nombres]* (S 141 r), ' Sainte Dîme fait bon déjeuner, car saint Prier n'a rien donné.

---

[110] Sur un site web, on trouve, attestée à Zamora et à La Havane, une forme dérivée de *Ciruelo*, *San Sirolé*, pour parler d'un écervelé. Voir http://www.libertaddigital.com/index.phpaction=desaopi&cpn=313 50.

[« *Pechar* » pour : contribuer et payer ; ce sont des infinitifs devenus noms] '.

Quelques saintes de fantaisie aussi sont nées de l'imagination populaire. Dans le *Vocabulario de refranes*, Correas cite une seule sainte de fantaisie, Santa Lebrada, qui n'est autre que la « sanctification » du lièvre rôti : « Donnez pour sainte Levrette, qui d'abord fut bouillie, et ensuite rôtie », *Dad para Santa Lebrada, que primero fue cocida y después asada* (D 21 r). Si le compilateur ne proteste pas contre cette irrévérence vis à vis des supplices des saints et de l'aumône faite aux saints, c'est sans doute parce que c'est un proverbe si ouvertement fantaisiste qu'il n'y a pas offense. Mais « Santa Lebrada » est l'approximation parodique d'un authentique nom de sainte, Santa Librada, dont le culte était très développé au Portugal[111]. Ainsi le nom de Lebrada, outre ses connotations animalières[112] burlesques, a-t-il l'avantage de s'inscrire sans doute dans la tradition espagnole de moquerie contre les Portugais. On peut rapprocher ces quelques saints de fantaisie de ceux que relève la *Floresta de poesías eróticas del siglo de*

---

[111] Sainte Livrade, représentée généralement sous la forme d'une vierge barbue et crucifiée, est la patronne des femmes mal mariées. Sa légende raconte qu'elle résista à la volonté de son père de la marier en cessant de s'alimenter, ce qui en fait la sainte des anorexiques. La pilosité qui la caractérise est même considérée comme l'un des symptômes de l'anorexie (la virilisation). La fête de Santa Librada (« libérée » des liens du mariage, *Liberata* en italien) est le 20 juillet. Cette sainte est supposée avoir vécu au VIIe siècle, mais c'est une figure totalement inventée, dont la légende s'est croisée avec celle d'une autre *virgo fortis*, jeune martyre portugaise crucifiée. Le culte de sainte Livrade s'est répandu au XVe siècle.

[112] Voir Yakov Malkiel, « Studies in Spanish and Portuguese Animal Names », *Hispanic Review*, vol. 26, n° 3 (Jul. 56), p. 207-231.

oro, comme Santa Nefija[113] ou Santa Lagarta[114]. Correas, dans ses explications, fait état de la nature imaginaire de ces saints ou, parfois, laisse simplement le dicton parler son langage métaphorique.

Saint Brice, un saint inconnu (de Correas)

Mais l'on peut citer un cas rare où le compilateur utilise le terme de « *nombre fingido* », mais en l'employant paradoxalement pour un nom de saint connu, donné sous sa forme portugaise[115], Saint Briz : *Día de San Briz, tal día natal hiz* (D 212 r) « Jour de la Saint-Brice, jour de naissance »[116]. « Il me semble, – écrit Correas –, que c'est un nom inventé sur le verbe « bercer », et sur « berceau », parce qu'à sa naissance, on

---

[113] Santa Nefija « *la que daba su cuerpo por limosna* » (*La lozana andaluza*, I, 23), ou encore « *Santa Nefija, que daba a todos de cabalgar en limosna* » (*ibid.*, III, 51).

[114] Voir cette *Letra* attribuée à Góngora « *A la dama que en el hablar* », p. 89-90 : « *A damas de monjilones / que llaman las cenahorias / con sus melindres «chicoria», / y suspiran en sermones, / las que en horas y oraciones / sirven a santa Lagarta, cócale Marta [...]* », citée dans la *Floresta de poesías eróticas del Siglo de Oro*, P. Alzieu, Y. Lissorgues, R. Jammes, Toulouse, France-Ibérie Recherche, 1975.

[115] La forme espagnole est *San Bricio* qui rimerait alors avec *natalicio*.

[116] *[Briz me parece que es nombre fingido del verbo «brizar», y «brizo», la cuna, porque en naciendo ponen al niño en ella; y puede haber santo de tal nombre, conocido en algún obispado]*. Au mot « brizo », Covarrubias indique : « *la cuna en que mecen al niño para que se duerma [...]. Lo más cierto, es ser vocablo francés,* berceau, *el brizo* ». Ce qui ne l'empêche pas d'écrire un peu avant « *Díxose de brezo, arbusto semejante al taray, de cuyas varas delgadas hacen unos cestones a manera de barquillas en que cuelgan los niños del techo con unas cuerdas y los mecen o columpian, en Portugal y en algunas partes de Galicia* ». L'édition Jammes-Mir précise en note la forme du proverbe chez Hernán Núñez : « *Día de San Briz, tal día nataliz* ».

y met l'enfant, et il se peut qu'il y ait un saint de ce nom dans quelque évêché ». Correas ne semble donc pas vraiment connaître l'existence de ce nom de saint français[117].

On a vu aussi qu'il arrive qu'un nom de saint de fantaisie renvoie à un toponyme avec lequel un mot de l'énoncé (*paja*, paille) permet de jouer, comme dans le proverbe *El milagro del santo de Pajares*[118], *que ardía él y no las pajas* (E 846 r), « Le miracle du saint de Pajares qui brûlait, et pas la paille ». Cette expression, dit le *Diccionario de Autoridades*, s'emploie ironiquement pour traiter quelqu'un d'hypocrite[119].

Saints non nommés

C'est au cœur de deux commentaires sur des proverbes comportant le mot *santo* sans plus de précision que Correas enrichit son martyrologe de quelques exemples supplémentaires. À propos de *Tal galardón recibe quien a Dios y a sus santos sirve* (T 23 r), « C'est ainsi qu'est récompensé celui qui sert Dieu et ses saints. », Correas décrit l'intervention miraculeuse, à l'enterrement du Comte d'Orgaz, de saint

---

[117] Cf. la « *hermitaña de San Bricio* », grand-mère du personnage du Berger dans la *Égloga o Farsa del Nascimiento* de Lucas Fernández, *Farsas y églogas*, éd. de M. J. Canellada, Madrid, Castalia, 1976, p. 171. Saint Brice, évêque de Tours, disciple de saint Martin, mourut en 444. Sa fête est le 13 novembre.

[118] Non loin de Toulouse, il existe le village de Pailhès, équivalent occitan de Pajares.

[119] « *Expresión irónica con que se nota a alguno de hypócrita* », *Aut*.

Étienne[120] et de saint Augustin[121] : *[Don Gonzalo Ruiz de Toledo, señor de Orgaz en tiempo del rey don Sancho el Bravo, y ayo de su hija la Infanta doña Beatriz, fue hombre muy dado a obras de virtud y piadosas; edificó y ayudó mucho las iglesias y conventos. Después de su muerte, el día de su entierro en la iglesia de Santo Tomé, edificada por él, dicho ya el Oficio de difuntos, queriéndole llevar a su entierro, bajaron*

---

[120] Étienne, diacre, premier martyr, mourut lapidé vers 731. Fête le 26 décembre.

[121] Augustin, évêque d'Hippone, Docteur de l'Église, 354-430 ; fête le 28 août. Il est évoqué en ces termes dans le *Dictionnaire des saints* : « Né à Tagaste, fils du païen Patrice et de la chrétienne Monique, Augustin, d'intelligence extrêmement brillante, eut une jeunesse orageuse ; il perdit la foi très vite et s'abandonna à une vie déréglée. Il contracte une liaison avec une femme qui vivra avec lui quatorze ans et lui donnera un fils, Adéodat. Il se laissera prendre à l'hérésie manichéenne. Sa mère, devenue veuve, désolée de sa conduite, dans l'espoir de le convertir, le rejoint. Mais il s'embarque à son insu, et va enseigner à Rome, à Milan, où il occupe la chaire de rhétorique. Entendant prêcher saint Ambroise, Augustin est ébranlé dans son âme. Le récit de la vie de pénitence que mènent au désert saint Antoine et ses disciples l'emplit aussi d'admiration, et sa mère, qui est encore accourue près de lui, ne cesse de prier pour lui. Augustin entend une voix lui dire " Prends et lis ". Il ouvre les *Épîtres* de saint Paul et lit : " Ne passez pas votre vie dans la bonne chère, ni dans la luxure et l'impureté, mais revêtez-vous de Jésus-Christ ". La conversion d'Augustin est complète. Après une préparation de huit mois, il reçoit de saint Ambroise le baptême, et fait partager sa foi à son fils. Retournant en Afrique avec sa mère, Augustin a la douleur de la voir mourir à Ostie. Il distribue ses biens aux pauvres et, dans une propriété de sa mère, fonde un monastère. Après trois ans de solitude, Augustin est ordonné prêtre par Valère, évêque d'Hippone, devient son coadjuteur, se lance dans la prédication, et lui succède à sa mort. Il attaque les hérésies, le manichéisme, le donatisme, le pélagianisme, et mérite le titre de Docteur de la grâce. Il devient l'oracle des conciles, le chef de l'épiscopat d'Afrique. Ses incessants travaux, des infirmités grandissantes l'accablent, aussi la

de lo alto y aparecieron a vista de todos San Esteban Protomártir y San Agustín, y le tomaron ellos mesmos y le pusieron en la sepultura, diciendo: «Tal galardón recibe el que a Dios y a sus santos sirve», y desaparecieron. Es notorio en Toledo, y escribe su vida Villegas en la 3ª p[arte][122]. Inépuisable Correas... Il nous parle aussi de Bède le vénérable[123], et de saint François de Paule[124], offerts aux fidèles comme modèles

---

douleur d'assister à l'écroulement de l'empire romain. Les Vandales assiègent Hippone lorsqu'il meurt. Parmi les nombreux ouvrages qu'a laissés saint Augustin, Docteur de l'Église, les *Confessions*, et la *Cité de Dieu* sont connus de tout le monde intellectuel ».

[122] ' Don Gonzalo Ruiz de Toledo, seigneur d'Orgaz aux temps du roi don Sancho el Bravo et précepteur de sa fille l'Infante doña Beatriz, fut homme très dévoué aux œuvres pies et vertueuses ; il construisit et finança quantité d'églises et de couvents. Après sa mort, le jour de son enterrement en l'église de saint Tomas, édifiée par lui, une fois prononcé l'Office des défunts, et alors qu'on allait l'emporter pour l'enterrer, descendirent du haut des cieux et apparurent à la vue de tous saint Étienne protomartyr et saint Augustin, et ils le prirent eux-mêmes et le déposèrent dans la sépulture, disant : « Voilà la récompense que reçoit celui qui sert Dieu et ses saints », et ils disparurent. C'est un fait très connu à Tolède et Villegas écrit sa vie dans la troisième partie] '.

[123] Mort en 735. Fête le 27 mai. Docteur de l'Église, savant universel, Bède fut un saint intellectuel qui ne quitta jamais l'Abbaye de Yarrow, près de New Castle, où il était entré à l'âge de sept ans. Selon le *Dictionnaire des saints*, « il étudia la grammaire et l'astronomie, la philosophie et la musique, mais loin d'être un intellectuel pur, il restait fidèle au travail manuel, facteur d'équilibre, et ne cessait jamais de prier tout en faisant le pain. Il étudia la médecine et l'histoire, on le disait l'homme le plus savant de son temps ».

[124] Article « François de Paule » (1416-1508, fête le 2 avril) dans le *Dictionnaire des saints* : « Paule, en Calabre, vit naître saint François. À sa treizième année, en accomplissement d'un vœu, ses parents le mirent un an chez les franciscains. De retour chez lui, voulant se séparer du monde, il se creusa une caverne dans un rocher, couchant sur la pierre, vivant d'herbes et dans la prière. Sa réputation de sainteté se répandit

moraux : *Quien predica en desierto, pierde el sermón; quien lava la cabeza del asno, pierde el jabón. [No perdió su sermón el venerable Beda, que le oyeron las piedras y hablaron; ni San Francisco de Paula, que los peces del mar sacaron las cabezas a oírle, para ejemplo de los hombres]* (Q 590 r), « Qui prêche dans le désert fait en vain son sermon ; qui lave la tête de l'âne, gaspille le savon [Le vénérable Beda ne fit pas en vain son sermon, puisque les pierres l'entendirent et lui parlèrent ; ni saint François de Paule, car les poissons de la mer sortirent la tête pour l'entendre, pour l'édification des hommes]. »

À partir d'un nom emprunté à un personnage historique (Sancho), le compilateur se livre à une réflexion qui le ramène à la question de la sainteté : *Al buen callar llaman Sancho* lui donne l'occasion de la plus longue digression de tout le recueil, au cours de laquelle il expose les connotations de quelques prénoms, en partant de ce qu'il considère comme une étymologie possible du mot *santo* : « [...] *que Sancho, aunque por una parte es nombre propio, por otra sinifica Santo,*

---

dans toute la Calabre. À 19 ans, il recevait des disciples qui se bâtirent des cellules près de lui. François les astreignait à un carême perpétuel et, pour les tenir dans une constante humilité, leur donna le nom de Minimes. Il prit le mot charité pour devise. Le récit de tant de miracles se répétait à son sujet que le roi de France, Louis XI, consumé par la maladie, s'adressa au pape pour ordonner au saint qui s'y refusait de venir en son château de Plessis-lès-Tours. François vint donc et dit au roi prosterné devant lui, avec force supplication, que " la vie des rois a ses bornes comme celles des autres hommes " et il le prépara à mourir saintement. Ce fut dans ses bras que Louis XI rendit l'âme. En reconnaissance, son fils Charles VIII fit bâtir deux couvents pour les minimes. Il consultait François de Paule même pour les affaires de l'État. Lorsque le saint se sentit mourir, il rassembla ses religieux, leur recommanda la charité, la fidélité et, s'étant confessé, reçut l'Eucharistie, nu-pieds, la corde au cou ».

porque salió de 'Sanctus', como pecho de 'pectus', derecho de 'directus', duecho de 'doctus', en los cuales y otros muchos 'ct' las mudaron en 'ch'. »

Comparaisons entre proverbes avec ou sans nom de saint

Les proverbes avec nom de saint sont généralement plus brefs et moins narratifs que leurs homologues du calendrier agricole ; nombreux sont ceux qui présentent une morphologie abrégée proche de celle d'une simple expression familière, comme *Hecho un San Jorge* (H 281 f), et qui sont dépourvus des traits stylistiques propres aux véritables proverbes et dictons, comme la structuration binaire, ou la forme du conseil, moral ou pratique. C'est le cas de *Ver y creer como Santo Tomé; o Tomás* (V 182 r), *Pasar por los espinos de Santa Lucía* (P 270 r), *Aparecerse como Santelmo en la gavia* (A 447 f), *Parece una Santa Catalina* (P 77 f). On peut rarement les considérer comme hagiographiques au premier degré, mais plutôt y voir des énoncés élaborés au deuxième degré, avec une intention parodique ou burlesque. Ces proverbes, en raison de la concision du genre, ne peuvent être que des vecteurs ultra-simplifiés de la tradition hagiographique et contrastent fortement avec la verbosité des Vies de saints. Les proverbes simplement narratifs et explicites sur la figure du saint sont peu nombreux : ex. *Levantan las viejas que San Pedro hizo las abejas, y el diablo, por contrahacelle, hizo aviespas* (L 1179 r). Et encore ce dernier est-il clairement présenté par la voix parémiologique de façon légèrement dévalorisante et distanciée vis à vis de la légende.

Les proverbes de saints avec ancrage dans la légende hagiographique sont généralement réduits à un seul trait distinctif, comme on l'a déjà vu avec *Ver y creer como Santo Tomé* (V 182 r) ou *Estar hecho un San Lázaro*[125] (E 640 f). C'est une conséquence naturelle de la concision du genre, tout autant qu'indice d'un usage intensif. Certains proverbes sont tellement allusifs que leur sens littéral devient flou, même si le sens avec lequel on les emploie ne semble pas faire mystère pour *Autoridades*. C'est le cas de *A quien Dios se la diere, San Pedro se la bendiga* (A 676 r)[126]. Selon le *Diccionario de Autoridades*, ce proverbe « montre la résignation et l'acceptation que l'on doit avoir devant la volonté de Dieu et la distribution que la Providence fait des biens[127] ». Cet énoncé qui signifie littéralement que, lorsque Dieu l'a voulu, il est inutile d'essayer de changer le cours des choses, présente de nombreuses variantes : *[Varíase: «A quien Dios se la dio...»; «A quien se la da...»]*, ce qui est une autre marque d'appropriation par le langage et donc signe d'usage intense. Un autre proverbe dit presque la même chose : *Cuando Dios no quiere, el santo no puede.* (C 1228 r), « Quand Dieu ne veut, saint ne peut. »

---

[125] Fête le 17 décembre.

[126] Ce proverbe est cité à deux reprises dans *Don Quichotte*, voir *Refranes, otras paremias y fraseologismos en Don Quijote de la Mancha*, J. Cantera Ortiz de Urbina, J. Sevilla Muñoz, M. Sevilla Muñoz, Wolfgang Mieder, Burlington, 2005 : « *A quien Dios se la dio, San Pedro se la bendiga* » (p. 51) et sa variante « *Pues Dios Nuestro Señor se la dio, San Pedro se la bendiga* » (p. 102).

[127] « *Enseña la resignación y conformidad que se debe tener con la voluntad de Dios, en el repartimiento que su providencia hace de los bienes entre los demás. Lat. Quod cuique obtigit, id quisque teneat. Cerv. Quix. tom. 1 cap. 45. Aquí no hai más que hacer, sino que cada uno tome lo que es suyo, y a quien Dios se la dio, San Pedro se la bendiga* ».

Dans certains cas, l'épure du contenu hagiographique conduit même à limiter les éléments de référence au seul nom du saint, preuve de son potentiel évocateur autonome : *Una Santa Catalina* (U 39 f) ; *Mal haya yo como San Pedro* (M 93 r). La contrepartie de ces formes elliptiques est évidemment que l'énoncé ne renvoie à la notion de sainteté que de façon sommaire.

Les commentaires et variantes cités par Correas témoignent d'un intense processus d'évolution formelle des proverbes et en particulier d'un processus d'abréviation en cours : *Al que no tiene apetito, denle la salsa de San Bernardo* (A 1406 r) est concurrencé par la forme elliptique *La salsa de San Bernardo,* citée par le compilateur à la suite du proverbe intégral. Les énoncés sont fréquemment devenus si brefs et allusifs que Correas sent la nécessité de fournir une explication, ce qui entraîne 17 commentaires pour une cinquantaine d'énoncés, taux élevé. Malgré le parti pris de concision de Correas, ses commentaires sont souvent plus longs que le proverbe lui-même, comme c'est le cas à propos de *¿Andas ahí, Benito? —No, maldito. —Fiaos de monjes de hábitos prietos* (A 1849 r).

Le côté approximatif du contenu hagiographique d'un proverbe ne signifie pas forcément que la légende s'était effacée des mémoires et correspond plutôt à une stylisation. Mais peut-être reflète-t-il aussi tout de même un certain flou dans les connaissances hagiographiques : Correas lui-même, érudit s'il en est, manifeste pourtant parfois une connaissance flottante de l'imagier hagiographique, comme lorsqu'il attribue par erreur, dans l'un de ses commentaires, un miracle de la tradition de saint Antoine de Padoue à saint François de Paule[128]. La figure du saint sert donc de support y compris à la cristallisation de légendes populaires dépourvues de lien avec la légende propre à un saint particulier.

Deux autres phénomènes reflètent la distance prise par rapport à la légende hagiographique ; bien souvent, le proverbe a, certes, un lien avec la légende du saint, mais n'a pas grand chose à voir avec la morale et la sainteté, comme *Dar un Santiago* (D 145 f), ou *Él robaría la peste a San Roque* (E 1262 r). On peut même se demander si l'habituel sérieux de l'hagiographie et la description dithyrambique des vertus des saints n'ont pas favorisé, par contraste, le ton ironique et le contenu burlesque de nombreux proverbes de saints. Ce jeu rhétorique avec la notion de sainteté apparaît nettement dans le dicton sur saint Pierre, qui utilise la figure de *corrección* et où l'on induit en erreur le récepteur au début de l'énoncé, lui laissant croire qu'il s'agit d'une malédiction, alors que c'est le contraire : *Maldito seas... como San Pedro* (M 170 r). Cet énoncé offre, de surcroît, au locuteur le plaisir de prononcer un juron en compagnie d'un nom de saint…

La satisfaction qu'il y a à transgresser la notion de sainteté explique sans doute le relativement haut degré d'occurrences des proverbes qui se prêtent à une interprétation

---

[128] Ce commentaire porte sur un proverbe cité plus haut, qui ne contient ni un nom de saint précis, ni le mot *santo* : *Quien predica en desierto, pierde el sermón; quien lava la cabeza del asno, pierde el jabón. [No perdió su sermón el venerable Beda, que le oyeron las piedras y hablaron; ni San Francisco de Paula, que los peces del mar sacaron las cabezas a oírle, para ejemplo de los hombres]* (Q 590 r). C'est Robert Jammes qui signale la présence de ce *lapsus calami* de Correas et rappelle que ce miracle est attribué à saint Antoine de Padoue et non à saint François de Paule.

sur le plan érotique. On n'est pas surpris outre mesure que les pouvoirs miraculeux du saint fassent de celui-ci fréquemment un symbole phallique.

Caractéristiques stylistiques

Comme le pouvoir expressif des proverbes repose souvent sur des éléments visuels, on retrouve nécessairement dans leur énoncé des éléments de représentations iconographiques, mais aussi des images de divers espaces et pratiques liés à la religiosité.

L'iconographie est représentée en tant que telle dans les proverbes évoquant une statue (D 698 r) ou une fresque peinte (P 188 f). C'est parfois un trait physique du saint qui est saisi (M 59 f), ou un geste et une attitude célèbre de celui-ci (V 182 r), ou un souvenir de détail de martyre (N 196 r).

Les éléments iconographiques sont l'occasion de faire surgir, par similitude gestuelle, des petites scènes quotidiennes du Siècle d'Or, comme celle où l'on demande aux enfants de ne pas faire subir au pain le supplice de saint Barthélémy (N 196 r), manifestation de la totale imprégnation de la société par ces images hagiographiques. L'architecture religieuse n'est pas absente des proverbes (San Blas de Güete, San Juan de los Reyes, le clocher de San Julián à Salamanque). Au-delà des références à la topographie ou à la statuaire, aussi bien l'altitude de l'ermitage de saint Blaise que la place occupée par saint Christophe perché sur son piédestal renvoient, sans surprise, à l'imagerie hagiographique du ciel et de l'élévation.

Les proverbes reflètent aussi la gestuelle et les rites de la dévotion, comme le baiser déposé par les fidèles sur le pied de la statue de saint Christophe (L 34 f), ou comme les pèlerinages à San Blas de Güete. Le culte est surtout représenté sous la forme de la prière, dont le proverbe parfois s'inspire, dans sa formulation. On a vu qu'un nombre non négligeable de proverbes adoptent, sérieusement ou parodiquement, la forme de la prière ou de l'invocation : *San Blas, ahoga ésta y ven por más* (S 113 r), *San Antón, da cueros al lechón, que éstos ya comidos son* (S 108 r), *Santa María, casarme querría; Credo, con un buen mancebo; Salve, que no tenga madre; San Alifonso, rico y hermoso; Madre de Dios, otorgámelo Vos* (S 180 r). *San Vicente, yo juro y tú tente; que la que a su marido encornuda, a la horca le suba, y si vos lo creéis, en la horca perneéis, y si yo lo hago, que muráis ahorcado, y si os falta soga, yo os daré otra; o que si os falta soga, yo os daré otra. —No juréis, mujer querida, que ya sois creída* (S 160 r).

Quelques autres tableaux de scènes de piété sont dépeints dans les proverbes : l'aumône (B 438 r, N 483 r), la bénédiction/ malédiction (*Mal haya...*, M 93 r, M 170 r), ou encore les scènes de serment (S 160 r).

Contenu satirique

Les proverbes citant un saint pour lui-même sont peu enclins à exprimer une réelle critique à l'égard de l'Église (B 438 r) ou du saint concerné. Mais, en revanche, les éléments textuels qui, dans l'énoncé, se trouvent en compagnie du saint appartiennent souvent à un univers dégradé : bassesse, vice, péché, figure du diable (L 1179 r, T 18 r), termes peu appétissants, comme *gargajos*, scènes de prostitution et de gibet (S 160 r), de vol (E 1262 r), ou de violence[129] (D 145 f), ou enfin, jurons ou malédictions burlesques (C 498 r). Il y a des

---

[129] *[... «darle una santiagada» a uno; lo que: «comerle medio lado».]*

comparaisons blessantes : *Tan bien parece el ladrón ahorcado, como en el altar el santo.* (T 68 r)...

Les proverbes qui nomment un saint dénoncent plutôt des vices qu'ils ne préconisent des vertus, et visent en particulier l'hypocrisie (P 77 f). Ou des types sociaux un peu louches, comme les joueurs de cartes tricheurs : *Ya te entiendo, Santantón, que tienes quince y envidas.* (Y 63 r). Les énoncés employés dans une perspective de moquerie ne sont pas rares, procédant de façon ouverte (C 498 r, S 118 r) ou plus discrète (L 639 r).

Si les proverbes de saints concernent en général l'univers familier de la maison, ils savent s'ouvrir parfois à des espaces inattendus : l'univers marin, avec la légende de saint Benoît dans la mer de Sicile peuplée d'écueils, les allusions au hunier du proverbe sur le feu Saint-Elme, le champ de bataille (D 145 f, S 186 r) ; mais aussi, le clocher et la girouette de la paroisse de San Julián, à Salamanque, signes de reconnaissance chéris des habitants du quartier (E 569 r), ou encore l'espace clos de la taverne avec ses joueurs de cartes (Y 63 r) et ses joyeux buveurs (S 174 r).

Parmi les thèmes de la vie quotidienne qui accompagnent le plus assidûment les saints nommés dans les proverbes de ce corpus, le plus abondamment représenté est sans doute celui des repas, de la nourriture (A 1406 r, S 174 r), et de la boisson (N 196 r, T 18 r). Le monde enfantin n'apparaît, dans notre sélection, que dans *No hagas del queso barca* (N 196 r) et dans la comptine enfantine *Señora Sant'Ana* (S 255 r).

Les proverbes où figure le mot « saint » sans précision

Les énoncés de proverbes sélectionnés dans cette catégorie sont au nombre de 55 environ. 63 % d'entre eux concernent la figure du saint évoquée sans précision de nom, comme dans *A chico santo, gran vigilia* (A 125 r). Un cinquième de ces proverbes fait allusion au saint sous forme de statue : *Cada santo tiene su candela* (C 111 r) ; *El ladrón en la horca, el santo en el altar...* (E 713 r) ; *Por el santo se besa la piedra* (P 724 r), *No hay santita sin redomita* (N 853 r), etc. 37 % du corpus de proverbes contenant le mot *santo* sans précision ne désigne pas un véritable saint mais, sous forme adjectivale, un saint homme ou une sainte femme, et en particulier, un homme plein de vertus admirables. Toutefois, l'on doit bien reconnaître que c'est encore l'admiration face à la figure du saint qui induit des comparaisons valorisantes du type de *Es un santo* (E 467 f), ou l'expression *Santo y bueno* (S 118 f)[130], chose qui justifie amplement l'examen de ces proverbes.

Mais là encore, il n'est pas toujours facile de rattacher les énoncés à l'une ou l'autre de ces catégories. Citons un exemple de ces cas ambigus. Le proverbe *¿A dónde pondremos este santo?* (A 168 r) se réfère à une personne à la réputation surfaite ou trop imbue de ses vertus, à celui qui veut se faire passer pour un « saint homme », et traduit un agacement du locuteur face à ces louanges excessives. Mais c'est pourtant bien la figure du saint qui sert de référence, non seulement parce que cette perfection humaine, exprimée à travers le mot « saint », renvoie à l'omniprésence de ces personnages dans l'imaginaire social, mais surtout parce se trouve impliquée une

---

[130] Brève expression colloquiale très employée pour dire « C'est parfait » : *Santo y bueno. [Concediendo y aprobando algo por bueno].*

représentation physique du saint sous forme de statue ou d'image[131], dans le cadre familier de l'église ou de la maison.

Peut-être parce que, dans le cas d'un énoncé comique, l'offense est moindre si le nom du saint n'est pas précisé, la proportion d'énoncés comiques, burlesques ou simplement non respectueux est effectivement plus élevée dans les proverbes où ne figure pas de saint précis. C'est souvent Correas lui-même, très attentif à tout écart de bienséance envers la religion, qui souligne l'irrespect du ton employé : *A buen santo lo encomendáis* (A 35 r). *[Es más usado por ironía]*. On appréciera aussi la réticence pleine de sous-entendus de *¿A honor de qué santo?* (A 260 r), ou encore celle de *Y santo se sea. Y fraile se sea. Y santo me soy. Y fraile me soy. Y dama se sea* (Y 23 f). Ce ton ironique va jusqu'à la grosse plaisanterie, assez peu appréciée par l'honorable compilateur Correas : *Ayunen los santos, que no tienen tripas* (A 2449 r). *[Donaire necio]*, ou jusqu'à la méchanceté comique : *Muy santo sois, mas fedeísmo* (M 1377 r), « Tout saint que vous êtes, pour moi, vous puez. »

Les énoncés de ces proverbes sans nom de saint sont donc plus fréquemment et plus ouvertement insolents. Par exemple, dans *El estiércol no es santo, mas do cae hace milagros* (E 537 r), l'incongruité du rapprochement verbal entre les vertus miraculeuses du fumier et celles du saint dénote une grande liberté de parole et laisse deviner le malin plaisir que prend le locuteur à s'exprimer impunément en ces termes. De même, c'est bien l'opposition entre le vice et la vertu qu'exprime le proverbe *El ladrón en la horca, y el santo en el altar, para bien estar* (E 713 r), mais la formulation met malgré

---

[131] En bois ou en pierre, une statue restait chère, mais les familles aisées avaient souvent un oratoire chez elles, comme il apparaît, par exemple, dans la pièce de Lope déjà citée, *La juventud de San Isidro*.

tout le saint en mauvaise compagnie dans l'espace textuel exigu de l'énoncé.

Dans le groupe réduit des proverbes sans précision de nom de saint, deux ensembles se détachent d'un point de vue statistique : d'une part, une série de variantes sur
- *El río pasado, el santo olvidado* (E 1260 r),
- *Arroyo pasado, santo olvidado* (A 2228 r),
- *El arroyo pasado, el santo engañado* (E 186 r),
- *El tranco pasado, el santo olvidado* (E 1346 r),
- *Rogar al santo, hasta pasar el tranco; después, olvidallo [Repruébase.]* (R 171 r),

dictons qui montrent que la figure du saint n'est l'objet que d'attentions brèves et superficielles, fruit d'une dévotion superstitieuse et intéressée ; d'autre part, un groupe de dictons ironiques sur le saint homme ou la sainte femme, évoqués généralement en mauvaise part pour dénoncer l'hypocrisie qui se cache sous leur vertu ostentatoire :
- *El cuerpo santo y el alma con el Diablo [Contra los hipócritas.]* (E 407 r) ;
- *Palabras de santo y uñas de gato* (P 56 r) ;
- *Gato segoviano, colmillos agudos y fíngese santo* (G 37 r).

Les exclamations moqueuses *¡Y santo se sea!* (Y 23 f) ou *¡Antes santa que nacida!* (A 1989 r) s'ajoutent au répertoire des accusations ou manifestations explicites de méfiance : *Alafé, hermano, no creas en tal santo* (A 1498 r), « Par ma foi, l'ami, ne crois pas en un tel saint. », ou *¡Ansí, Santo, entréos a ver y hurtástesme el asno!* (A 1912 r) « Alors, saint homme, j'entre vous voir et vous me volez mon âne ! ».

Dans cette catégorie de proverbes (sans précision de nom de saint), tous les énoncés ne sont pas dirigés contre la figure sainte à proprement parler. Plusieurs dénoncent seulement les comportements mesquins non seulement des fidèles, mais des hommes en général. Par exemple, sur le thème de « déshabiller Pierre pour habiller Paul », on trouve *Quitar de un santo para darlo a otro santo* (Q 919 r) ; *Quitar de un santo para darlo a un diablo* (Q 920 r). Un autre énoncé évoque, sans nécessairement les critiquer, les comportements dévots majoritaires, parce qu'ils reflètent des attitudes humaines fort répandues, et par là, jugées excusables : *Todos mendigamos a la puerta de Dios y de los santos* (T 470 r).

C'est encore une certaine bonhomie, mais non dépourvue de distance ironique, qui se traduit dans *Rogamos a Dios por santos, mas no por tantos* (R 170 r), où la figure du saint semble perçue comme trop envahissante. Faut-il y voir une exaspération face à la religion et à l'appareil de l'Église ?

Les proverbes évoquant sur un ton sérieux une qualité liée à la figure du saint en général sont finalement rares, voire absents. À peine peut-on citer *Al buen callar llaman santo; al bueno bueno, Sancho Martínez* (A 1148 r), mais on a vu que cette louange de la discrétion renvoie à tout autre chose qu'à l'univers du saint. Elle concerne le cycle de *romances* sur la prise de Zamora, où se manifeste de façon spectaculaire le silence réticent du roi Sancho devant le serment qu'exige de lui le Cid : il s'est tout simplement produit une confusion verbale entre « *Sancho* » et « *santo* ».

Trois proverbes réunissent, par un procédé ou un autre, Dieu et les saints.

Le premier, *Cuando está el trigo en los campos, es de Dios y de los santos; cuando está en los cilleros, no se puede haber sin dineros* (C 1287 r), laisse entendre que le blé sur pied est sacré, on n'y touche pas, car il est sous la protection de Dieu et des saints, pas plus qu'on ne doit toucher à celui qui se trouve dans le grenier du voisin, saut en payant, bien sûr.

Le second, *Dios es santo viejo* (D 366 r), rappelle qu'on ne peut en remontrer aux gens qui ont de l'expérience (un peu l'équivalent de « On n'apprend pas aux vieux singes à faire la grimace »).

Le troisième renvoie, comme les énoncés vus plus haut, aux manifestations de dévotion : *Tal galardón recibe quien a Dios y a sus santos sirve* (T 23 r), mais on peut l'employer sur un ton d'ironie dépitée pour laisser entendre qu'on n'est pas récompensé à sa juste valeur, et cet énoncé rejoint ainsi ceux qui attribuent froideur et ingratitude aux saints.

Un proverbe comme *No piden todos para un santo* (N 1049 r) a plus souvent valeur figurée que littérale, et suggère que chacun a son propre protecteur, ou sa façon de penser, etc. Mais, une fois de plus, l'existence de l'expression montre que le thème de la dévotion au saint est tellement présent au Siècle d'Or qu'il vient naturellement à l'esprit pour exprimer les situations les plus variées. De même, pour chanter les louanges d'une personne, on dira en toute simplicité qu'elle est *Como cuerpo santo* (C 162 f), « Comme un corps saint ».

On dénombre, sur les 15 exemples recensés mettant en scène le « saint homme », un seul cas de proverbe louangeur : *Es un santo* (E 467 f). Mais cette expression dont le laconisme est un indice d'emploi fréquent, peut s'employer, aussi bien, sur un ton d'ironie mordante. Autres exemples d'ironie : l'expression *Hecho un san Jorge* (H 281 f), pour se moquer d'un couard ou d'un fanfaron, ou encore le fielleux *Muy delgada cortó aquí la pluma el santo dotor* (M 224 f). *[Dícese de un punto delicado y sutil de los santos espositores o escolásticos]* qui, à travers saint Thomas d'Aquin (non nommé, on le remarquera), vise les pédants et chercheurs « de poils sur les œufs » dans une discussion. Le pourcentage de proverbes sérieux est donc très faible dans les proverbes sans nom de saint précis et rejoint la tendance qui se manifestait dans les énoncés sérieux avec nom de saint, qui, déjà, ne représentaient que 50 % de leur propre groupe. On peut en déduire que la présence d'un nom de saint semble quand même avoir agi comme un frein à l'emploi du comique ou de l'ironie.

Les statistiques opposent encore ces deux groupes sur un autre plan, celui de la longueur de l'énoncé. Il semble que le processus de généralisation qui conduit à parler de « *santo* » sans nommer un saint particulier coïncide avec des énoncés plus longs : 32 % seulement du corpus de dictons ne précisant pas le nom du saint sont courts (moins de 6 mots), alors que, du côté des « saints nommés », le pourcentage s'élève à 50 %, cette formulation plus brève et plus allusive étant rendue possible, dans ce dernier cas, par le pouvoir évocateur intrinsèque d'un nom de saint connu.

Une telle différence de pourcentage est, en revanche, loin de se manifester si l'on observe cette fois-ci non pas les proverbes eux-mêmes, mais les commentaires qu'y ajoute Correas. Aussi bien dans les dictons avec nomination du saint que dans ceux qui en sont dépourvus, le taux de commentaire sur les proverbes est, dans les deux cas, de 50 %, chiffre nettement plus élevé que dans l'ensemble du *Vocabulario de refranes*, toutes parémies confondues. La plume de Correas est donc particulièrement stimulée par ce type de proverbes, quelle qu'en soit la catégorie. Le compilateur y fait preuve d'un notable conformisme, assez inhabituel chez lui en dehors de cette thématique religieuse. Bien que Correas soit, tout au long de son recueil, généralement enclin à apprécier avec bienveillance l'humour des énoncés qu'il a réunis, certaines de ses réactions à propos des proverbes de saints sont, on l'a vu, très sèches : « Plaisanterie stupide »[132], dit-il, au sujet d'un proverbe où l'on fait une allusion irrévérencieuse aux « tripes » des saints. À propos d'un autre proverbe qui affirme cyniquement que l'essentiel, c'est d'avoir le bénéfice d'un miracle, peu importe que celui-ci ait été l'œuvre de Dieu ou du Diable, Correas écrit : « Ce dernier point est une formule de barbare »[133]. Aussi, avec l'esprit pratique qui le caractérise, Correas propose-t-il de remplacer cette formulation qu'il juge éminemment condamnable par la version édulcorée suivante, plus orthodoxe : « Que le miracle se fasse, et peu importe le saint ». Toutefois, si l'on ne veut pas accabler le compilateur pour son conformisme religieux, bien naturel d'ailleurs chez un prêtre, on peut souligner que la réprobation de Correas s'exprime parfois seulement en tant que souci de correction de langage (c'est le professeur Correas, plus que le prêtre Correas qui parle), comme, par exemple, dans le commentaire où il s'offusque de l'emploi impropre qui est fait du proverbe « C'est aux innocents qu'apparaît Notre-Dame », appliqué souvent à tort aux innocents « simples d'esprit », alors que, corrige-t-il, le mot désigne ici « ceux qui sont bons et saints ». Cet emploi erroné représente malgré tout, selon lui, une offense à la dignité de la Vierge[134].

---

[132] *Ayunen los santos, que no tienen tripas* (A 2449 r). *[Donaire necio].*

[133] *Hágase el milagro, y hágale Dios o el diablo* (H 156 r). *[Lo postrero es dicho de bárbaro, y es mejor enmendado como sigue: «Hágase el milagro, y hágale cualquier santo»].*

[134] *A los inocentes se aparece Nuestra Señora* (A 470 r). *[Entiéndese por los buenos y santos, aunque vulgarmente lo aplican a hombres de poco saber, dichosos, y se debe reprobar y no usar en tal manera].*
A los párvulos se aparecen los santos (A 475 r). *[«Párvulos» se toma aquí por: personas inocentes en santidad y niños en la inocencia, y por*

Quelques angoisses saisissent parfois Correas, qui craint qu'un énoncé puisse être compris à l'inverse de ce qu'il signifie. Au sujet du proverbe *Rogar al santo, hasta pasar el tranco; despúes, olvidallo.* (R 171 r) *[Repruébase]*, « On prie le saint jusqu'au passage difficile ; ensuite, on l'oublie », il sent la nécessité de préciser : « Ceci s'emploie de façon réprobatrice ». Que l'on n'aille pas croire, surtout, que c'est un conseil à suivre ! Toujours sur le même proverbe, qui lui semble si important qu'il en relève soigneusement cinq variantes et, de surcroît, en donnant à chacune de ces variantes le statut d'énoncé indépendant dans sa collection, il se livre à des paraphrases que la transparence du texte n'exigeait pas vraiment, comme : *[Reprehende no cumplir los votos]*, « Ceci est une critique de ceux qui ne tiennent pas leurs promesses »[135]. Ces préoccupations font apparaître que, malgré le remarquable professionnalisme scientifique dont fait généralement preuve notre compilateur, il n'abandonne pas tout à fait ses préoccupations de zélateur de la religion catholique, et que lorsqu'il recueille un dicton, c'est non seulement dans un esprit d'érudition, mais avec l'intention d'en prescrire un emploi approprié et salutaire. Cependant, ses scrupules scientifiques

---

eso Dios los favorece. Decir: «A los bobos...», es necedad de vulgo, reprobada].

[135] *El arroyo pasado, el santo olvidado; o el santo engañado; o El río pasado...* (E 1261 r).
El río pasado, el santo olvidado ; [o] El peligro pasado... (E 1261 r).
El tranco pasado, el santo olvidado (E 1346 r). *[Lo que: «El arroyo (o río) pasado...»]*
Pasado el tranco, olvidado el santo (P 265 r). *[Reprehende no cumplir los votos]*
Rogar al santo, hasta pasar el tranco; despúes, olvidallo (R 171 r). *[Repruébase]*

l'emportent largement sur ses réactions sacerdotales, ce qui, pour son époque, est remarquable.

On constate que la présence d'un nom de saint dans un proverbe, en raison de sa puissance évocatrice, autorise rarement la présence d'un autre personnage. Dans le groupe d'énoncés avec nom de saint, deux autres personnages seulement apparaissent en compagnie de celui-ci (Dieu et le Diable), et seulement une fois chacun. Alors que dans les dictons ne comportant que le mot *santo* sans précision, quinze mentions de personnages autres que le saint se manifestent : on dénombre six mentions de Dieu, une du Diable, quatre mentions d'un voleur, deux d'un chat (*gato*), une d'un enfant (*niño*), une d'un aubergiste. Les dimensions exiguës des proverbes ne permettant évidemment pas un grand déploiement d'acteurs, la présence d'un saint bien identifié réduit quasiment à néant la possibilité d'intégrer un autre personnage. Ce sont ainsi les proverbes sans mention de nom qui permettent une meilleure observation de l'univers social associé à la figure du saint. Dans les proverbes « à saints nommés » ne figurent que la « hiérarchie » du saint (Dieu) et l'opposant de celui-ci (le Diable). Mais dans les proverbes où ne se trouve que le mot *santo* sans précision, figure le contraire du saint, à savoir le pécheur (incarné dans la personne du voleur), ainsi que quelques personnages pittoresques annexes de la « société civile », comme l'enfant ou l'aubergiste. Quant au chat, comme le nom de cet animal désignait dans l'argot du Siècle d'Or les larrons, on peut se demander si, à travers cet emploi du mot *gato*, ce n'est pas encore de la notion de vol qu'il est question[136].

---

[136] Même en l'absence de terme désignant le voleur, ce paradigme opposé au saint apparaît aussi dans le verbe *hurtar* (' voler ') : *¡Ansí, Santo, entreós a ver y hurtásteme el asno!* ; ou encore dans : *Aunque hurta mi hermano, es un santo, que avinagra la diciplina con azúcar*, ainsi que

Le potentiel évocateur des scènes de la vie religieuse est, en revanche, assez différent selon la catégorie des proverbes analysés. Il semble que les dictons avec nom de saint comptent sur cette noble figure pour éveiller chez le récepteur une série d'images traditionnelles suffisamment connues pour n'avoir pas besoin d'être rappelées aux utilisateurs (*Hecho un san Jorge*, H 281 f), *Una santa Catalina* (U 39 f). Au contraire, les énoncés ne présentant que le mot générique « saint » exigent de laisser plus de place à la représentation concrète imagée. On y voit se refléter directement ou indirectement une grande variété de petites scènes construites sur des pratiques religieuses courantes, comme :

- vouer sa cause à un saint : *A buen santo lo encomendáis* (A 35 r), « Vous mettez cela sous la protection d'un bon saint » ;

- faire une promesse votive, *A río pasado, santo olvidado* (A 741 r) ;

- respecter les vigiles des jours de fête : *A chico santo, gran vigilia* (A 125 r) ;

- proclamer bien fort des professions de foi : *«A Dios paredes, que me voy a ser santo». E iba a ser ventero* (A 137 r) ;

- participer à des processions : *Aquí, aquí, concejo ruin, que se ahoga el santo* (A 2111 r). *[Habían caído con él en el charco los que le llevaban; otros dicen: «Aquí, aquí, concejo puto...»]* ;

- pratiquer des offrandes intéressées : *Cuando no dan los campos, no han los santos* (C 1422 r) ; *Quitar de un santo para darlo a otro santo* (Q 919 r) ; *Tal galardón recibe quien a*

---

dans l'allusion à l'aubergiste, personnage considéré, au Siècle d'Or, comme un voleur en puissance (*«A Dios, paredes, que me voy a ser santo». E iba a ser ventero*).

Dios y a sus santos quiere (T 23 r) ; *Santo Tomé, sácame del agua, que la víspera te ayuné* (S 193 r).

- ou enfin prier : *Rogar al santo hasta pasar el tranco; después, olvidallo* (R 171 r), avec la notion d'une dévotion intéressée et peu durable.

On trouve aussi des allusions à des éléments de décor, comme la présence traditionnelle de statues et d'images de saints, posées dans les niches ou accrochées aux murs, implicitement suggérée par *¿A dónde pondremos este santo?* (A 168 r, A 235 f). D'autres éléments se devinent à travers la description d'une gestuelle dévote ou superstitieuse, comme, par exemple, le baiser à la statue du proverbe *Por el santo se besa la piedra* (P 724 r). La mise en scène de la figure du saint se retrouve dans des détails concernant l'illumination des statues, à l'église ou à la maison, au moyen d'un cierge votif : *Cada santo tiene su candela* (C 111 r). Les lieux de piété peuplent le décor des proverbes, qu'il s'agisse d'autels d'église ou d'oratoires domestiques : *¿En qué altar pondremos este santo?*[137] (T 1878 r) ; *El ladrón en la horca y el santo en el altar* (E 713 r). Le bois dont on fait les statues de saints apparaît à diverses reprises, et parfois dans d'insistantes variantes, toutes relevées par Correas, comme dans ces proverbes issus d'une chanson : *Máderos han can dicha, máderos han que non. [Dícese ansí graciosamente; pónese el acento en la primera: «Mádero», y «han» por hay, y «can» por «que han». Dice que unos han dicha, otros no, con el símil de un madero que se hace de él una estatua, y de otro un banco, y de uno mesmo, y se queman las estillas]* (M 5 r) ; *Maderos hay que doran, maderos hay que queman. [Dícese porque siendo*

---

[137] Dans la pièce de Lope *La juventud de san Isidro*, figure cette didascalie « *Descúbrese en lo alto un aposentico con su altarico, su imagen y sus velas e Isidro rezando* ».

los hombres todos unos en origen, unos son en mucho tenidos, y otros despreciados. Decía: «Maderos hay que adoran...», y en lo alegorizado viene bien] (M 6 r) ; *Maderos hay que han dicha, maderos hay que no: de unos hacen santos, y de otros hacen diablos* (M 7 r) ; *Maderos hay que han dicha, maderos hay que non: de maderos hay que hacen santos, y maderos hay que son quemados. [Fue cantar]* (M 8 r) .

Plusieurs énoncés rapportent l'apparition des saints, *A los inocentes se aparece Nuestra Señora*[138] (A 470 r) ; *A los párvulos se aparecen los santos* (A 475 r), ou les miracles, *El estiércol no es santo, mas do cae hace milagro. [Porque hace crecer las mieses]* (E 535 r).

Les pratiques de pénitence (jeûne et macération) ne sont pas oubliées. Le proverbe *El día de ayuno, víspera es de disanto. [Que se compensa el trabajo con el premio]*[139] (E 435 r), « Le jour de jeûne est la veille d'un jour de fête » n'est pas la simple constatation d'un usage mais une façon de dire qu'« après la pluie vient le beau temps » ou plus

---

[138] Rappelons une dérivation amusante que fait Gongora d'une expression très proche, « *A los bobos se aparece la Virgen María* », ' Aux simples d'esprit apparaît la Vierge Marie ', dans un texte cité par Robert Jammes, *Comprendre Gongora. Anthologie bilingue, Anejos de Criticón*, 18, 2009, p. 311 : « [...] *bobo he sido en prestarle mi dinero; / bien que si los refranes salen ciertos, / cuanto más bobo he sido, más espero / se me aparecerá Santa María.* », ' Je fus bien sot de lui prêter mes sous, / quoique, si le proverbe dit vrai, / plus je fus sot, et plus j'aie bon espoir / qu'un jour m'apparaîtra Sainte Marie '. Gongora regrette d'avoir prêté de l'argent au comte de Villaflor, mais se dit que s'il a été assez bête (*bobo*) pour le faire, il a une chance que Santa María lui apparaisse, Santa María étant le nom de l'intendant chargé de payer les dettes de jeu du comte. Merveilleuse liberté d'utilisation des proverbes...

[139] Il y a une variante : *La vigilia, víspera es del santo* (L 968 r).

exactement « après l'effort, vient la récompense ». Le jeûne n'était pas toujours bien vécu, si l'on en croit diverses plaisanteries qui le prennent pour cible, comme *Ayunen los santos, que no tienen tripas* (A 2449 r), et *Dios te haga santo, y sin vigilia, porque no te ayunemos* (D 442 r). Les flagellations, où l'on avivait la brûlure du coup de fouet en trempant les lanières du fouet dans du vinaigre (ce qui, en même temps, désinfectait) sont ridiculisées dans *Aunque hurta mi hermano, es un santo, que avinagra la diciplina con azúcar* (A 2325 r) : ce dévot aux pratiques ostentatoires est en réalité un hypocrite qui ne s'impose pas des peines aussi dures qu'il veut faire croire et, de surcroît, est un voleur.

Terminons sur les étincelles et le crépitement des statuettes ou des images de saints qui brûlent dans un incendie, avec ce proverbe ironique : *«Cherriar, santillos.» [Y ellos ardían.]* (Ch 4 r)[140]. Ceux qui se réjouissent peu charitablement de voir brûler les images de saints sont peut-être eux-mêmes du « gibier de bûcher ». Une version de la paille et la poutre, née d'un imaginaire nourri d'Inquisition...

Conclusion

La fréquence élevée de ces représentations et petites scènes liées au monde de la pratique religieuse (plus de 50 % des énoncés de proverbes dépourvus de nom de saint précis en comportent une) contraste avec la relative pauvreté en ce

---

[140] Présenté un peu différemment chez Hernán Núñez : « *Chirriar sanctillos, y ellos ardían* ». On voit ainsi que Correas a privilégié la version abrégée, mais que son commentaire consiste précisément à compléter la suite du proverbe.

domaine des proverbes désignant nommément un saint (20 % seulement) : il se confirme ainsi, sans surprise, que le gommage de toute figure précise de saint laisse prospérer d'autres images matérielles, de façon quasi mécanique.

Dans ces énoncés dépourvus de nom de saint précis, la théâtralité se manifeste d'abord sur le plan verbal, par l'emploi des habituels procédés rhétoriques privilégiés dans les parémies, dont les principaux sont les suivants :
 - déclaration grandiloquente, comme dans *A Dios, paredes...* (A 137 r) ; *Alafé, hermano, no creas en tal santo* (A 1498 r) ;
 - prise à témoin de l'interlocuteur, *¿A dónde pondremos este santo?* (A 168 r) ;
 - évocation très imagée sur le plan sonore et visuel, comme *El santo macarro*[141] *jugando al abejón* (E 1285 r), expression qui fait allusion à un jeu d'enfants consistant à barbouiller le visage de l'adversaire. L'expression relevée par Correas condense en réalité l'allusion à deux jeux qui tous deux consistent à humilier le partenaire. Le jeu du barbouillage de visage se fait avec de la suie (on se barbouille à tour de rôle, et celui qui barbouille doit rester sans rire, sinon il prend la place du barbouillé). Le « jeu du bourdon » (*jugar al abejón*[142]) est un

---

[141] *Macarro* ou *mocarro*, fam. : ' morve ', ' chandelle '. *Jugar con uno al santo macarro* : ' se moquer de quelqu'un, berner, bafouer quelqu'un ', Dictionnaire espagnol-français, Denis, Pompidou, Maraval. *Mocarro* : « *El moco que por descuido de alguna persona, cuelga de las narices sin limpiarle* », Aut. *Santo mocarro* : « *Voz del vulgo introducida con poca reverencia en el juego, en que van algunos por su orden tiznando, o manchando la cara a otro, a quien llaman así. Es condición del juego, que el que tizna no se ha de reir, so pena de sobstituir el lugar del que van tiznando* », Aut.
[142] « *Juego del abejón. Llámase assí el juego de que usa la gente rústica*

jeu de gens « rustiques » et pas forcément d'enfants. Il se joue à trois partenaires, alignés côte à côte, celui du milieu[143], jambes écartées et mains jointes, émet avec la bouche un bruit de bourdonnement et s'agite en direction des deux autres qui, un bras levé, se protègent la joue de l'autre main. Le bourdon essaie de frapper sur la joue les partenaires qui l'entourent, dans un moment où ils relâchent leur attention et, en retour, peut recevoir un coup de la part de ceux-ci, s'il ne réussit pas à les esquiver. Mais au-delà du jeu lui-même, qualifié de vulgaire par Covarrubias, « jouer au bourdon » avec quelqu'un signifiait qu'on le méprisait et se moquait de lui.

---

por entretenimiento, y se executa entre tres personas puestas en hilera. El que está en medio abierto de piernas, y juntas las manos, moviendose a un lado y otro, hace un ruido con la boca al modo del abejón: amaga a uno de los dos que están a los lados, que le esperan con un brazo levantado, y la mano del otro puesta en la mexilla, y da al que se descuida un golpe en la mano que tiene puesta en el carrillo: y si no hurta, y aparta tan presto el cuerpo, recibe otro del que le está esperando », Aut. L'explication fournie par Aut. s'inspire en grande partie de celle que donnait Covarrubias, mais celui-ci précisait de surcroît que le coup donné était « *un pestorejazo* » (ou *pestorejón*), « *golpe dado en el pestorejo* ». « *Pestorejo. Parte posterior del pescuezo, carnuda y fuerte, de post y oreja, porque se entiende de la oreja atrás* », Aut.
« *Jugar con alguno al abejón. Modo de hablar con que se da a entender, que le tienen en poco, le desprecian, y se burlan de él* », Aut.

[143] nCette disposition du « bourdon » au milieu, et d'autres aspects du jeu, ont inspiré un célèbre *romance* qui circulait de façon anonyme en 1600, « *Yo me era Periquito de Embera* ». Voir *Parnaso español [Poesía erótica]*, Pierre Alzieu, Robert Jammes, Yvan Lissorgues, Barcelona, Crítica, 1984 : « *Jugaba siempre con ellas / al juego del abejón / dávales yo entre las piernas / y ellas a mí pescozón.* ». Antonio Carreira attribue en 1998 ce *romance* à Gongora dans *Quaderns Crema* (Barcelona).

Parmi les effets stylistiques recensés, le plus notable est le pouvoir imageant visuel de ces brefs énoncés où l'espace est très nettement dessiné : citons le double espace, élevé et antagonique, du gibet et de l'autel, qui servent à montrer l'un, le vice châtié, l'autre, la vertu triomphante, ou encore l'espace de transition qu'est le seuil de la maison (*Puerta abierta al santo tienta*, P 1089 r). Seuil mis en scène également dans cette visite malheureuse où un pseudo-saint homme vole l'âne du naïf qui était venu le voir : *¡Ansí, Santo, entréos a ver y hurtástesme el asno!* (A 1912 r).

Des situations emblématiques sont dépeintes, comme le départ solennel de la maison familiale (*«A Dios, paredes, que me voy a ser santo»* ... (A 137 r), ou encore la traversée de la rivière en tant que symbole des difficultés de l'existence et des épreuves de la vie, comme dans *El arroyo pasado, el santo olvidado* (E 1260 r[144]), ou enfin des scènes pittoresques et drôles comme la chute dans l'eau des autorités du village qui se livraient à des rogations sans regarder où elles mettaient les pieds (*Aquí, aquí, concejo ruin...*, A 2111 r).

Tout comme dans les proverbes en général, s'exprime parfois dans notre sélection un espace très vaste : celui du monde agricole, dans *El estiércol no es santo...* (E 537 r), ou carrément toute une partie du territoire espagnol dans *Gato segoviano...* (G 37 r). Il s'agit cependant d'exceptions : la figure du saint, puissante en elle-même, chargée de mille réminiscences, ne favorise pas une contextualisation spatio-

---

[144] Dans la pièce de Lope de Vega *Barlán y Josafá*, le dramaturge recourt avec insistance au thème du franchissement de la rivière, comme frontière d'abord, puis comme signe des difficultés qui peuvent entraîner dans l'abîme du péché (le ruisseau en crue qui menace de noyer Josafá).

temporelle supplémentaire : ancrée dans sa légende, elle transcende aisément les notions de temps et d'espace. Elle se suffit à elle-même.

Le pied du saint, *Giotto, Le storie francescane ad Assisi* (détail), © Electa-Mondadori, 1997, photographie d'Antonio Quattrone, Firenze

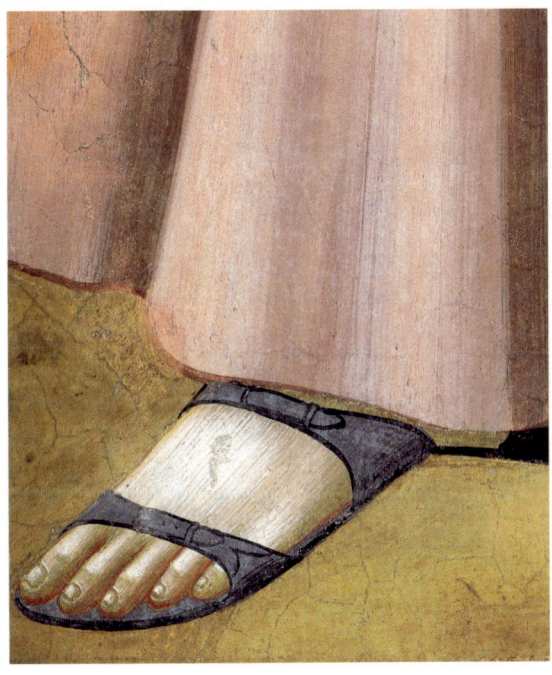

Traduction des proverbes classés alphabétiquement

La plupart des proverbes de cette liste ont été cités et commentés dans le texte qui précède, à quelques exceptions près, que nous laissons au lecteur le plaisir de découvrir. Les numéros de pages figurant entre parenthèses après la traduction renvoient aux commentaires.

A buen santo lo encomendáis.
A 35 r[145]- Vous mettez cela sous la protection d'un bon saint [Vous vous recommandez à un bon saint]. (p. 94, 102)

A cada puerco le viene su San Martín.
A 71 r- À chaque porc arrive sa Saint-Martin. (p. 27)

A chico santo, gran vigilia.
A 125 r- À petit saint, grande vigile. (p. 10, 93, 102)

«A Dios paredes, que me voy a ser santo». E iba a ser ventero.
A 137 r- « Adieu, murs [de ma maison], je pars me faire saint ». Et il allait se faire aubergiste. (p. 102)

¿A dónde pondremos este santo?
A 168 r et A 235 f- Où mettrons-nous ce saint ? (p. 93, 103, 106)

A Güete por crianza.
A 247 r- À Güete pour la bonne éducation. (p. 24)

---
[145] Ces deux abréviations correspondent aux deux parties qui structurent le *Vocabulario de refranes* de Correas : « r » : *refrán* (proverbe) ; « f » : *frase proverbial* (expression proverbiale).

¿A honor de qué santo?
A 260 r- En l'honneur de quel saint ? (p. 94)

A los inocentes se aparece Nuestra Señora.
A 470 r- C'est aux innocents qu'apparaît Notre-Dame. (p. 99, 104)

A los párvulos se aparecen los santos.
A 475 r- C'est aux enfants qu'apparaissent les saints. (p. 99, 104)

A quien Dios se la diere, San Pedro se la bendiga.
A 676 r- Celui que Dieu a comblé, que saint Pierre le bénisse. (p. 43, 87)

A río pasado, santo olvidado.
A 741 r- Rivière franchie, saint oublié. (p. 102)

A Salamanca, putas, que ha venido San Lucas; o que ya viene San Lucas.
A 753 r- À Salamanque, putes, Saint Luc est arrivé. (p. 15)

Al buen callar llaman santo; al bueno bueno, Sancho Martínez.
A 1148 r- Le bon silence, on l'appelle Sanche ; le très bon, Sanche Martinez. (p. 68, 85, 96)

Al que no tiene apetito, denle por caldo la salsa de San Bernardo.
A 1406 r- À qui n'a pas d'appétit, donnez en guise de bouillon la sauce de saint Bernard. (p. 46, 88)

Alafé, hermano, no creas en tal santo.
A 1498 r- Par ma foi, l'ami, ne crois pas en un tel saint. (p. 95, 106)

¿Andas ahí, Benito? —No, maldito. —Fiaos de monjes de hábitos prietos.
A 1849 r- Tu es là, Benoît ? —Non, Maudit ! —Après cela, fiez-vous aux moines en habit noir ! (p. 48, 88)

¡Ansí, Santo, entréos a ver y hurtástesme el asno!
A 1912 r- Alors, saint homme, j'entre vous voir et vous me volez mon âne ! (p. 95, 101, 108)

¡Antes santa que nacida!
A 1989 r- Sainte avant de naître ! (p. 95)

Aparecerse como Santelmo en la gavia.
A 447 f- Apparaître comme saint Elme en haut du mât. (p. 86)

Aparecióse como Santelmo en la gavia.
A 2042 r- Il est apparu comme saint Elme en haut du mât. (p. 49)

Aquí, aquí, concejo ruin, que se ahoga el santo.
A 2111 r- Par ici, par ici, stupides édiles, le saint se noie. (p. 102)

Arroyo pasado, santo olvidado.
A 2228 r- Ruisseau passé, saint oublié. (p. 95)

Aunque hurta mi hermano, es un santo, que avinagra la

diciplina con azúcar.
A 2325 r- Mon frère vole, mais c'est un saint, qui vinaigre sa discipline au sucre. (p. 101, 105)

Ayunen los santos, que no tienen tripas.
A 2449 r- Que les saints jeûnent, eux qui n'on pas de tripes. (p. 94, 99, 105)

Bueno es dar a San Pedro, mas no tanto que se vaya el hombre tras ello.
B 438 r- Il est bien de donner à saint Pierre, mais pas au point de tout y perdre. (p. 44)

Cada santo tiene su candela.
C 111 r- À chaque saint sa chandelle. (p. 93, 103)

Como cuerpo santo.
C 162 f- Comme un corps saint. (p. 97)

¡Ciégale, Santantón!
C 498 r- Rends-le aveugle, saint Antoine ! (p. 39)

Como Dios quisiere y San Juan viniere.
C 702 r- Comme Dieu voudra et quand saint Jean viendra. (p. 19)

Cuando Dios no quiere, el santo no puede.
C 1228 r- Quand Dieu ne veut, saint ne peut. (p. 87)

Cuando está el trigo en los campos, es de Dios y de los santos; cuando está en los cilleros, no se puede haber sin dineros.
C 1287 r- Quand le blé est dans les champs, il appartient à Dieu

et aux saints ; quand il est dans les greniers, on ne peut l'avoir sans deniers. (p. 96)

Cuando la higuera hace pie de gallina, pídelo a tu vecina; y cuando hiciere pie de pata, pídelo en cada casa.
C 1358 r- Quand le figuier fait son pied de poule, fais des avances à ta voisine ; et quand il fait son pied de canard, fais des avances dans chaque maison. (p. 45)

Cuando no dan los campos, no han los santos.
C 1422 r- Quand les champs ne donnent rien, les saints ne reçoivent rien. (p. 102)

«Cherriar, santillos.» Y ellos ardían.
Ch 4 r- « Grillez, petits saints ! ». Et [eux-mêmes] ils brûlaient. (p. 105)

Dad para Santa Lebrada, que primero fue cocida y después asada.
D 21 r- Donnez pour sainte Levrette, qui d'abord fut bouillie, et ensuite rôtie. (p. 80)

Dar un Santiago.
D 145 f- Lancer une attaque. (p. 51, 52, 89)

Día de San Briz, tal día natal hiz.
D 212 r- Jour de la Saint-Brice, jour de naissance. (p. 81)

Dios es santo viejo.
D 366 r- Dieu est un vieux saint. (p. 97)

Dios te haga santo, y sin vigilia, porque no te ayunemos.

D 442 r- Dieu te fasse saint, mais sans vigiles, pour que nous ne te jeûnions pas. (p. 105)

Dos San Cristóbales en una pared, no parecen bien.
D 698 r- Deux saints Christophe sur le même mur, cela ne fait pas bon effet. (p. 55)

El arroyo pasado, el santo olvidado; o el santo engañado; o El río pasado…
E 186 r- Ruisseau passé, saint oublié ; ou saint trompé ; ou Rivière passée… (p. 100, 108)

Es de la Orden de Santo Tomás.
E 340 f- Il est de l'Ordre de saint Thomas. (p. 75)

El cuerpo santo y el alma con el Diablo.
E 407 r- Le corps, saint ; et l'âme, avec le Diable. (p. 95)

El día de ayuno, víspera es de disanto.
E 435 r- Le jour de jeûne est la veille d'un jour de fête. (p. 104)

El estiércol no es santo, mas do cae hace milagro.
E 537 r- Le fumier n'est pas un saint, mais là où il tombe, il fait des miracles [jeu de mots sur *cae*, jour où ' tombe ' la fête d'un saint]. (p. 94, 104, 108)

El gallo de San Julián los llama.
E 569 r- Le coq de saint Julien les appelle. (p. 21, 57)

Estar hecho un San Lázaro.
E 640 f- On aurait dit un saint Lazare. (p. 63, 87)

El ladrón en la horca, el santo en el altar, para bien estar.
E 713 r- Le voleur au gibet, et le saint sur l'autel, chaque chose à sa place. (p. 93, 94, 103)

El milagro del santo de Pajares, que ardía él y no las pajas.
E 846 r- Le miracle du saint de Pajares qui, lui, brûlait, et pas la paille. (p. 82)

El paternóster de San Julián.
E 978 r- Le *Pater Noste*r de saint Julien. (p. 58)

El río pasado, el santo olvidado.
E 1260 r- Rivière passée, saint oublié. (p. 95, 100)

Él robaría la peste a San Roque.
E 1262 r- Il volerait la peste à saint Roch. (p. 60, 89)

El santo macarro jugando al abejón.
E 1285 r- Le saint morveux qui joue au bourdon. (p. 106)

El tranco pasado, el santo olvidado.
E 1346 r- Sorti du mauvais pas, on oublie le saint. (p. 95, 100)

En el espino de Santa Lucía; o en las espinas de santa Lucía.
E 1598 r- Sur les épines de sainte Lucie. (p. 52)

¿En qué altar pondremos este santo?
E 1878 r- Sur quel autel mettrons nous ce saint ? (p. 103)

Encomendarlo a Dios, que es santo.
E 1968 r- Il faut le recommander à Dieu, qui est saint.

Entre madre y hijo, Santo Tomé el chiquito.
E 2068 r- Entre la mère et le fils, saint Thomas le Petit. (p. 20)

Es un santo.
E 467 f- C'est un saint. (p. 93, 97)

Gato segoviano, colmillos agudos y fíngese santo.
G 37 r- Matou ségovien, longues dents et il fait le saint. (p. 95)

Habíamoslo por santo, mas no por tanto.
H 23 r- Nous le tenions pour saint, mais pas à ce point-là.

Hablad con San Juan de los Reyes, que no es de piedra.
H 45 r- Parlez à saint Jean-des-Rois, qui n'est pas de marbre. (p. 21)

Hágase el milagro, y hágale Dios o el diablo.
H 156 r- Que le miracle se fasse, et que le fasse Dieu ou le Diable. (p. 99)

Hecho un san Jorge.
H 281 f- Un vrai saint Georges. (p. 10, 86, 97, 102)

La que besare el pie a San Cristóbal será bien casada.
L 34 f- Celle qui baisera le pied de saint Christophe fera un heureux mariage. (p. 55)

La cochinilla de San Antón.
L 129 r- La coccinelle de saint Antoine. (p. 36)

La mula de San Francisco.
L 639 r- La mule de saint François. (p. 63)

La vigilia, víspera es del santo.
L 968 r- La vigile est la veille de la fête du saint. (p. 104)

Levantan las viejas que San Pedro hizo abejas, y el diablo, por contrahacelle, hizo aviespas.
L 1179 r- Les vieilles racontent que saint Pierre créa les abeilles, et le diable, pour le contrefaire, créa les guêpes. (p. 42, 86)

Líbrete Dios de delito contra las tres santas: Inquisición, Hermandad y Cruzada.
L 1197 r- Que Dieu t'évite de commettre un délit envers les trois saintes : l'Inquisition, la Maréchaussée et la Croisade.

Lo que no se hace en día de Santa Lucía, hácese en otro día.
L 1375 r- Ce que le jour de la sainte Lucie on ne fait pas, un autre jour se fera. (p. 52)

Lo que es eso, San Miguel tiene el peso y San Antón el bordón.
L 1311 r- C'est bien vrai, saint Michel a la balance et saint Antoine le bourdon. (p. 40)

Maderos hay que han dicha, maderos hay que non: de maderos hay que hacen santos, y maderos hay que son quemados.
M 8 r- Il y a des madriers qui ont de la chance, et d'autres qui n'en ont pas : il y a des madriers avec lesquels on fait des saints, et il y en a qui sont brûlés. (p. 104)

Más llagado que un deciplinante. Más llagado que Lázaro... que un san Lázaro.
M 59 f- Couvert de plaies comme un pénitent. Couvert de

plaies comme Lazare… comme saint Lazare. (p. 63)

Mal haya yo como San Pedro.
M 93 r- Que je sois maudit… comme saint Pierre. (p. 43, 88)

Maldito seas como San Pedro.
M 170 r- Maudit sois-tu… comme saint Pierre. (p. 43)

Muy delgada cortó aquí la pluma el santo dotor.
M 224 f- Le saint Docteur[146] a ici bien affûté sa plume. (p. 97)

Mi reina, ¿qué tanto ha que no se peina? —Mi galán, desde San Juan.
M 978 r- Ma reine, depuis quand ne vous êtes-vous pas peignée ? —Mon galant, depuis la Saint-Jean. (p. 69)

Muy santo sois, mas fedéisme.
M 1377 r- Tout saint que vous êtes, pour moi, vous puez. (p. 94)

Ni al niño el bollo, ni al santo el voto.
N 74 r- Ni la brioche à l'enfant, ni la promesse au saint [il ne faut refuser ? Ou « il ne faut donner ?].

Ni hagas del queso barca, ni del pan San Bartolomé.
N 196 r- Ne fais pas du fromage un bateau, ni du pain un saint Barthélémy. (p. 71)

No des tanto a San Pere, que le vayas derrere.
N 483 r- Ne donne pas tant à saint Pierre qu'il te faille marcher derrière (c'est-à-dire, devenir son valet). (p. 44)

---
[146] Saint Thomas d'Aquin.

No hay santita sin redomita.
N 853 r- Pas de petite sainte sans sa petite fiole (ou Pas de nonnette sans sa burette). (p. 93)

No piden todos para un santo.
N 1049 r- Tous ne s'adressent pas au même saint. (p. 97)

Otra badajada por amor de Santa Ana.
O 182 r- Encore un coup de cloche en l'honneur de sainte Anne. (p. 59)

Pagarlo todo junto, como el puerco por San Martín. Pagólo...
P 27 r- Payer tout à la fois, comme le porc à la Saint-Martin.

Palabras de santo y uñas de gato.
P 56 r- Paroles de saint et griffes de chat. (p. 95)

Parecía una santa Catalina. No parecía que había más mal en ella que en una santa Catalina.
P 77 f- On aurait dit une sainte Catherine. Il semblait qu'il n'y avait pas plus de méchanceté en elle que chez une sainte Catherine. (p. 29, 30, 75)

Pasado el tranco, olvidado el santo.
P 265 r- Le cap difficile passé, le saint est oublié. (p. 100)

Pasar por los espinos de Santa Lucía.
P 270 r- Passer par les épines de sainte Lucie. (p. 52, 86)

Pintan Santantones en rincones, y llamas.
P 188 f- On peint des saints Antoines dans les coins, et des

flammes. (p. 41)

Por el santo se besa la piedra.
P 724 r- Pour le saint, on embrasse la pierre.

Por San Andrés, a tu ánsar pan des.
P 862 r- À la Saint-André, à ton jars donne du blé. (p. 13)

Por san Gil, adoba tu candil.
P 876 r- À la Saint-Gilles, prépare ta lampe à huile.

Por San Gil, enciende tu candil.
P 877 r- À la Saint-Gilles allume ta lampe à huile. (p. 14)

Puerta abierta al santo tienta.
P 1089 r- Porte ouverte tente le saint. (p. 108)

Quien por San Bartolomé no vela, nunca hace buena tela.
Q 588 r- Qui à la Saint-Barthélémy ne veille, ne fait jamais bonne toile. (p. 15)

Quien predica en desierto, pierde el sermón; quien lava la cabeza del asno, pierde el jabón.
Q 590 r- Qui prêche dans le désert fait en vain son sermon ; qui lave la tête de l'âne, gaspille le savon. (p. 9, 89, 85)

Quitar de un santo para darlo a otro santo.
Q 919 r- Prendre à un saint pour le donner à un autre saint. (p. 96, 102)

Quitar de un santo para darlo a un diablo.
Q 920 r- Prendre à un saint pour donner à un diable. (p. 96)

Rogamos a Dios por santos, mas no por tantos.
R 170 r- Nous prions Dieu qu'il nous donne des saints, mais point trop n'en faut ! (p. 96)

Rogar al santo hasta pasar el tranco; después, olvidallo.
R 171 r- On prie le saint jusqu'au passage difficile ; ensuite, on l'oublie. (p. 103)

San Antón, da cueros al lechón, que éstos ya comidos son.
S 108 r- Saint Antoine, donne de la couenne à mon porcelet, car on l'a déjà toute mangée. (p. 39, 91)

¿San Antonio de Lisboa? —No está en casa el santo, que es ido fora.
S 109 r- Saint Antoine de Lisbonne ? —Le saint n'est pas chez lui, il est sorti. (p. 36)

San Bartolomé amecha candiles: mal para los oficiales, peor para los aprendices.
S 110 r- Saint Barthélémy met des mèches aux quinquets : mauvais pour les ouvriers, pire encore pour les apprentis. (p. 13)

San Bernabé, dijo el sol: «Aquí estaré, y de aquí no pasaré.»
 S 111 r- À la Saint-Barnabé, dit le soleil : « Là je resterai, pas plus loin je n'irai ». (p. 15)

San Bizente, yo a jurar y tú tente; quien a su marido encornuda, ¡Dios, y tú la ayuda! Y él si lo cree, que en la horca pernee. —Bajá acá, mujer querida, que ya sois creída.
S 112 r- Saint Vincent, c'est moi qui prête serment et toi, tiens-

toi bien. Celle qui son mari trompe, Dieu, aide-la ! Et lui, s'il le croit, pendu au gibet il soit. —Descendez, ma femme adorée, je vous crois tout à fait. (p. 67)

San Blas, ahoga ésta y ven por más; [o] Blas, ahógate más
S 113 r- Saint Blaise, étouffe celle-là [cette quinte de toux], et reviens pour les suivantes ; [ou] étouffe-toi plus encore. (p. 62, 91)

San Blas de Güete, por sanar uno mató siete.
S 114 r- Saint Blaise de Güete, pour en guérir un, en a tué sept. (p. 23, 61)

San Cebrián amecha candiles, mal para los oficiales, peor para los aprendices.
S 115 r- Saint Cyprien met des mèches aux quinquets : mauvais pour les ouvriers, pire encore pour les apprentis. (p. 13)

San Jorge, mata la araña.
S 118 r- Saint Georges, tue l'araignée. (p. 65)

¿San Juan vino por aquí? —Por aquí vino.
S 124 r- Saint Jean vint par ici ? —Par ici vint ! (p. 69)

San Julián de la Valmuza, que no tiene capa ni caperuza.
S 127 r- Saint Julien de la Valmusse, qui n'a ni cape ni capuche. (p. 22, 44, 57)

San Juliente de madero, ¿dónde estás, que no te veo?
S 129 r- Saint Julien tout en bois, où es-tu ? Point ne te vois... (p. 57)

¿San Lucas, por qué no encucas[147]*? —Porque no tengo las bragas enjutas.*
S 131 r- Saint-Luc, pourquoi ne bois-tu pas ? —Parce que mes culottes ne sont pas sèches. (p. 17)

San Pechar hace buen yantar, que San Rogar no ha lugar.
S 141 r- Sainte Dîme fait bon déjeuner, car saint Prier n'a rien donné. (p. 79)

San Pedro de Catreda[148]*, toda res mala cabeza alza, y más lo de la braga.*
S 142 r- Saint Pierre de Catreda (Catedra), toute méchante bête redresse la tête et encore plus celle de la braguette. (p. 45)

San Pedro de los Arcos, deja el diablo los bueyes y toma los asnos.
S 144 r- Saint Pierre des Arcs, le diable laisse les bœufs et prend les ânes. (p. 20)

San Simón y Judas, mata los puercos y tapa las cubas.
S 149 r- À la Saint-Simon et la Saint-Jude, tue le cochon et couvre les cuves. (p. 19)

San Vicente echa la brasa en el río, y si está frío, el carbón no está encendido.
S 157 r- Saint Vincent jette les braises dans la rivière, et si l'eau est froide, c'est que le charbon n'est pas allumé. (p. 25)

---

[147] *Aut.* donne au verbe *encucar* un sens assez différent de celui que propose Correas : « *recoger y guardar nueces, avellanas y otras frutas semejantes* ».
[148] *Cátedra* : allusion à la chaire de saint Pierre à Antioche.

San Vicente, echa la brasa en el río, y hazle caliente.
S 158 r- Saint Vincent, jette les braises dans la rivière, et réchauffe-la. (p. 26)

San Vicente, yo a jurar y tú tente; que la que a su marido encornuda, a la horca le suba, y si vos lo creéis, en la horca perneéis, y si yo lo hago, que muráis ahorcado, y si os falta soga, yo os dé otra; o que si os falta soga, yo os daré otra. — No juréis, mujer querida, que ya sois creída.
S 160 r- Saint Vincent, c'est moi qui prête serment et toi, tiens-toi bien. Que celle qui son mari a trompé, au gibet le fasse monter, et si à mes paroles vous ne prêtez foi, que pendu au bout d'une corde je vous voie, et si je le fais, pendu soyez, et si la corde vous fait défaut, j'ai ce qu'il vous faut. —Ne jurez pas, ma femme adorée, je vous crois tout à fait. (p. 67, 91)

Sant Antón le guarde.
S 170 r- Que saint Antoine le protège. (p. 36, 40)

Santantón, tres tengo, que no soy capón.
S 171 r- Saint Antoine, j'en ai trois, je ne suis pas un chapon. (p. 40)

Santa Clara nos alumbre, y echá una azumbre.
S 174 r- Que sainte Claire nous éclaire, et envoyez un autre pichet. (p. 68)

Santa María, casarme querría; Credo, con un buen mancebo; Salve, que no tenga madre; San Alifonso, rico y hermoso; Madre de Dios, otorgámelo Vos[149].

---

[149] Cette étude ne concerne pas les proverbes mentionnant la Vierge, exclue de notre sélection initiale, sauf lorsqu'elle est citée en compagnie

S 180 r- Sainte Marie, je voudrais me marier ; *Credo*, avec un beau garçon ; *Salve*, qui n'ait pas de mère ; saint Alphonse, riche et beau ; Mère de Dieu, accordez-le moi. (p. 74, 91)

«¡Santiago y a ellos!», y era un costal de paja de centeno.
S 186 r- « Saint Jacques, sus à l'ennemi ! », et c'était un sac de paille de seigle. (p. 26, 50)

Santisteban de Gormaz, cedaz, cedaz[150].
S 190 r- Saint Étienne de Gormaz, les bons tamis, les bons tamis ! (p. 22)

Santo y bueno[151].
S 118 f- Tout à fait d'accord. (p. 93)

Santo Tomé, quien no tuviese puerco, mate la mujer.
S 192 r- Saint Thomas, celui qui n'a pas de cochon, qu'il tue sa femme. (p. 19)

Santo Tomé, sácame del agua, que la víspera te ayuné.
S 193 r- Saint Thomas, sors-moi de l'eau, car pour la vigile, je t'ai jeûné. (p. 103)

---

d'autres saints, mais on peut, pour donner une idée de la variété de tons, citer pour mémoire le très sérieux *Santa María, con tu ayuda yo pariría* (S 181 r), et le très désinvolte *Santa María la más lejos. A Santa María la más lejos [Achácase a la smujeres que son amigas de andar, y romerías lejos]* (S 183 r).

[150] L'édition Jammes-Mir donne, dans la note 47, p. 725, une « *copla* », qui figure dans le *Cancionero de Barbieri* : « ¡Al cedaz, cedaz! / ¡al cedaz, cedaz! / ¿Si queréis comprar cedazos / de la tierra de Gormaz, / señora? ¡Cedaz, cedaz!... »

[151] *[Concediendo, y aprobando algo por bueno].*

Señora Sant Ana, dame una blanca; Señor San Miguel, dame un alfiler.
S 255 r- Dame sainte Anne, donne-moi une piécette ; Seigneur saint Michel, donne-moi une épingle. (p. 71)

Tal es el vino para los gargajos, cual es San Bartolomé para los diablos.
T 18 r- Aussi souverain est le vin contre les catarrhes que saint Barthélémy contre les diables. (p. 70)

Tal galardón recibe quien a Dios y a sus santos sirve.
T 23 r- C'est ainsi qu'est récompensé celui qui sert Dieu et ses saints. (p. 82, 84, 97, 102,

Tan bien parece el ladrón ahorcado, como en el altar el santo.
T 68 r- Le larron est à sa place au gibet, et le saint sur l'autel. (p. 92)

Todos mendigamos a la puerta de Dios y de los santos.
T 470 r- Nous mendions tous à la porte de Dieu et de ses saints. (p. 96)

Una santa Catalina.
U 39 f- Une sainte Catherine. (p. 29, 75, 88, 102)

Ver y creer como Santo Tomé; o Tomás.
V 182 r- Voir et croire, comme saint Thomas. (p. 86, 87)

Viene San Martín en caballo chiquito: tapa la cava (o cuba) y guarda el mosquito.
V 256 r- Saint Martin vient chevauchant son petit cheval : couvre tes cuves à vin et prends garde aux moucherons. (p. 18)

Y santo se sea. Y fraile se sea. Y santo me soy. Y fraile me soy. Y dama se sea.
Y 23 f- Et pourtant, c'est un saint. Et pourtant, c'est un moine. Et pourtant, je suis un saint. Et pourtant, je suis un moine. Et pourtant, c'est une dame. (p. 94)

Ya te entiendo, Santantón, que tienes quince y envidas.
Y 63 r- Je vois clair dans ton jeu [de cartes], saint Antoine, tu as une quinte et tu en veux encore plus. (p. 42, 92)

Liste alphabétique des saints renvoyant aux pages où ils sont commentés

San Alifonso (Alphonse), p. 31, 32, 35, **74-75**, 91, *128, 129*.
Santa Ana (Anne), p. 31, 32, 35, 59, **71-72**, 73, *101, 123, 130*.
San Antonio (Antoine), p. 31, 32, **34-42**, 44, 83, 89, 92, *116, 120, 121, 123, 124, 125, 128, 131*.
San Bartolomé (Barthélémy), p. 13, 14, 15, 31, 32, 70-71, *122, 124, 125, 130*.
San Benito (Benoît), p. 31, 32, 35, **47-49**, 88, 92, *115*.
San Bernabé (Barnabé), p. 15, 31, 32, 35, *125*.
San Bernardo (Bernard), p. 31, 32, 35, **46-47**, 88, *114*.
San Blas (Blaise), p. 23, 25, 31, 32, **61-62**, 90, 91, *126*.
San Briz (Bricio, Brice), p. 31, 33, **81**, *117*.
Santa Catalina (Catherine), p. 29, 30, 31, 32, 33, 35, **75-77**, 86, 88, 102, *128*.
Santa Clara (Claire), p.31, 33, **68-69**, *128*.
San Cristóbal (Christophe), p. 31, 32, 35, **55-56**, 90, *118, 120*.
San Francisco (François), p. 9, 30, 31, 33, 35, **63-65**, 84, 85, 89, *120, 121*.
San Jorge (Georges), p. 10, 31, 33, 65, 86, 97, 102, *120, 126*.
San Juan (Jean), p. 19, 21, 31, 33, 34, 35, 50, **69-70**, 72, 90, *116, 120, 122, 126*.
San Julián, Juliente (Julien), p. 21, 22, 27, 28, **56-59**, 90, 92, *118, 119, 126*.
San Lázaro (Lazare), p. 31, 33, 35, **63**, 87, *118, 121, 122*.
Santa Lucía (Lucie), p. 31, 32, **52-54**, 86, *119, 121, 123*.
San Miguel (Michel), p. 31, 32, 33, 35, 40, **71- 72**, *121, 130*.
San Pedro (Pierre), p. 20, 31, 32, **42-46**, *114, 116, 121, 122, 127*.
San Roque (Roch), p. 31, 33, 35, 41, **60-61**, 89, *119*.
Santelmo (Elme), p. 32, 35, **49-50**, 86, 92, *115*.
Santiago (Jacques), p. 19, 26, 32, 35, **50-52**, 72, 89, 91, *117, 129*.
San Simón (Simon), p. 19, 32, 33, 35, *127*.
Santo Tomás ou Tomé (Thomas), p. 19, 20, 32, 33, 35, 53, **75**, 83, 86, 87, 97, 103, *118, 120, 129, 130, 122*.
San Vicente (Vincent), p. 25, 26, 32, 33 35, **66-68**, 91, *127, 128*.

Table des matières

Introduction..7
Un corpus restreint et difficile à cerner........................12
Proverbes mentionnant un saint précis........................31
Occurrences des divers types de proverbes de saints...........33
Les deux saints préférés : saint Antoine et saint Pierre..........35
    Saint Antoine..35
    Saint Pierre...42
Les autres saints...46
    Saint Bernard...46
    Saint Benoît..47
    Saint Elme..49
    Saint Jacques...50
    Sainte Lucie...52
    Saint Christophe..55
    Saint Julien..56
    Saint Roch...60
    Saint Blaise..61
    Saint Lazare...63
    Saint François..63
    Saint Georges..65
    Saint Vincent...66
    Sainte Claire..68
    Saint Jean...69
    Saint Barthélémy...70
    Sainte Anne et saint Michel..71
    Saint Alphonse..74

Saint Thomas..75
Sainte Catherine...75
Saints imaginaires..77
Saint Brice, un saint inconnu (de Correas)......................81
Saints non nommés..82
Comparaisons entre proverbes avec ou sans nom de saint......86
  Caractéristiques stylistiques.......................................90
  Contenu satirique..91
Les proverbes où figure le mot « saint » sans précision..........93
Conclusion...105
Traduction des proverbes classés alphabétiquement..............113
Liste alphabétique des saints renvoyant aux pages où ils sont commentés...132
Table des matières..133